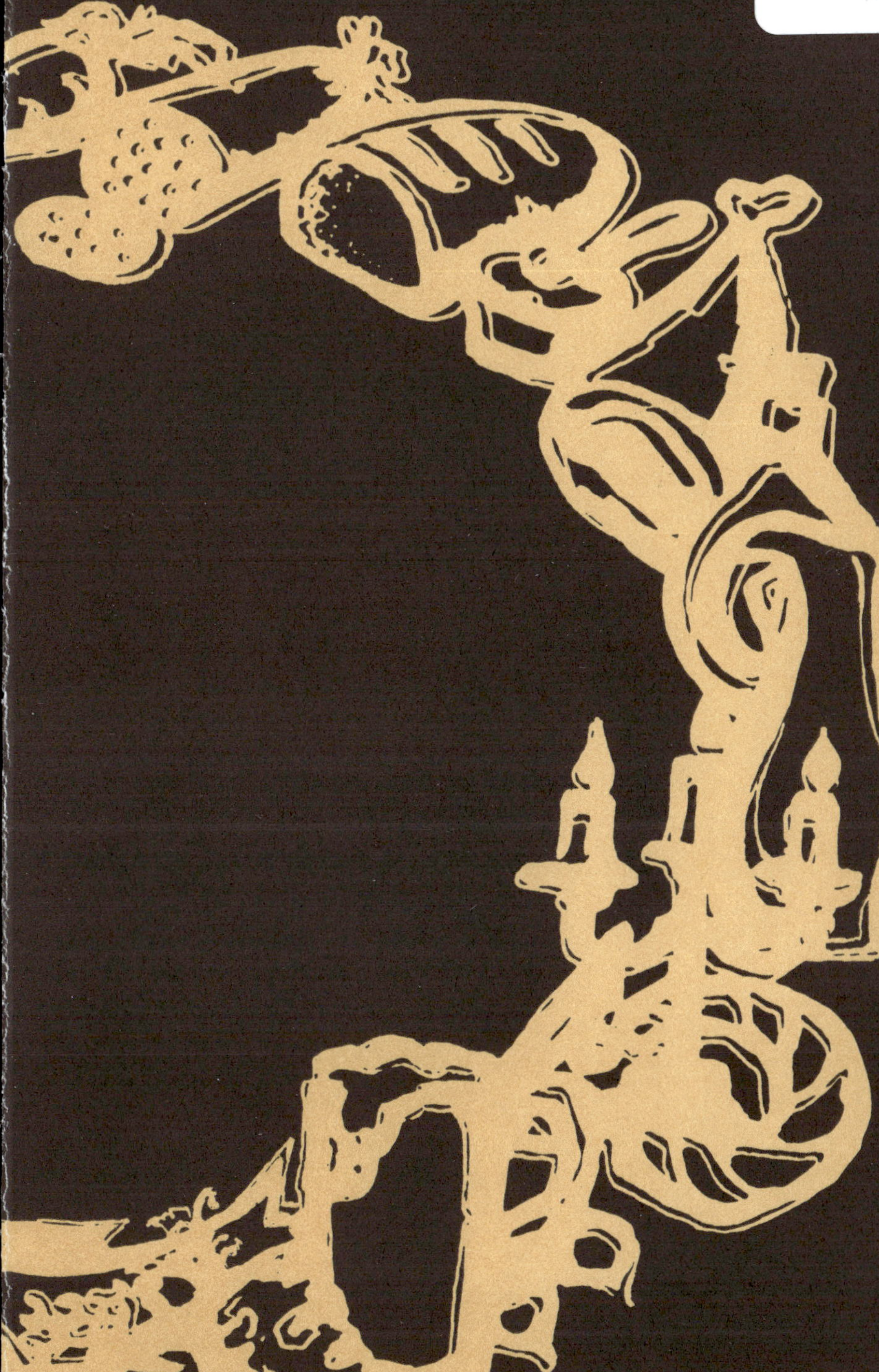

Kulinarische Streifzüge durch die Pfalz

C. K.
M. K.

Wolfgang von Gropper

Kulinarische Streifzüge durch die Pfalz

sigloch edition

Titelbild auf Seite 2: Pfälzische Gemütlichkeit strahlt dieses alte Winzerhaus in Maikammer an der Weinstraße aus. Typisch für die Hausanlage in dieser Region ist der hübsche Innenhof, oft reich mit Blumen geschmückt, nicht selten auch zu einem Ausschank im Freien genutzt.

Die Rezeptfotos ab Seite 44 wurden speziell für dieses Buch aufgenommen von Hans-Joachim Döbbelin

Projektleitung: Rudolf Werk
Layout: Günther Schmidt
Reproduktionen: Eder Repros, Ostfildern (Textteil), Erasmusdruck, Mainz (Rezeptteil)
Satz: Setzerei Lihs, Ludwigsburg
Druck: Erasmusdruck, Mainz
Papier: 135 g/qm BVS der Papierfabrik Scheufelen, Lenningen
Einbandgestaltung: Peter Mueck
Einbandarbeiten: Buchbinderei Sigloch, Künzelsau
Auslieferung an den deutschen Buchhandel, Stürtz Verlag, Würzburg
ISBN 3 8003 0201 2

E bissel G'schicht

„Wer die Palz nit kennt, is selwer schuld." Böse Zungen behaupten, dieser Spruch sei lange Zeit die oberste, aber auch einzige Devise der Pfalzwerbung gewesen. Man könnte es wirklich fast glauben. Wer weiß schon – Hand aufs Herz – zwischen Flensburg und Berchtesgaden, wo die Pfalz liegt? Wer kennt ihre historische Bedeutung? Den Liebreiz ihrer Landschaft? Der Begriff „Rheinpfalz" sollte, so meint man, manchem auf die Sprünge helfen. Erprobtermaßen wird dann aber die geographische Lage zumeist unter verlegenem Lächeln mit den Worten umschrieben: „Na ja, die Pfalz wird halt da irgendwo am Rhein liegen." Und in Bayern, zu dem die Pfalz länger als ein Jahrhundert gehörte – bis Hitler sie zusammen mit dem Saargebiet zum „Gau Westmark" machte –, heißt es oft: „Die Pfälzer, san dös net so Halbfranzosen?" Nur einer, ein Bayer, wußte es genau: Ludwig I. Ihm wird das Wort zugeschrieben, die Pfalz sei „der Garten meines Königreiches". Er, dem seine Anbetung der Lola Montez zum Verhängnis wurde, hatte auch so viel geschichtliches Bewußtsein, daß er, in Erinnerung an die Kurpfalz und die viel früheren Pfalzgrafen bei Rhein, die Bezeichnung „Bayerischer Rheinkreis" zugunsten des Namens „die Pfalz" aufhob. Denn als nach dem Wiener Kongreß das pfälzische Gebiet, bis dahin seit 1801 unter Napoleonischer Herrschaft, Bayern zugeschlagen wurde, sprach man in München offiziell vom „Bayerischen Rheinkreis".

Ludwig I., der Bayernkönig, hatte schon einen ausgeprägten Sinn für Schönes. Als Pfälzer bescheinigt man ihm dies gern. Liebte er doch, wie belegt, die Pfalz und die Pfälzer ob ihrer „heiteren Art" ganz besonders. Und was Schönheit angeht, sprach er oft und gerne davon, das Land um Edenkoben, von den Haardtbergen bis an den Rhein bei Speyer sei die schönste Bannmeile seines Königreiches. Wer's nicht glaubt, daß der König recht hatte, der reise flugs nach Edenkoben. Im Westen dieses Kantonstädtchens, heute bequem mit dem Auto erreichbar, liegt auf sonniger Höh', genau dort, wo das Rebengelände aufhört und der Wald beginnt, die Villa Ludwigshöh' – juchhe! Ludwig I. ließ sie dort in neoklassizistischem Stil als Sommerresidenz des bayerischen Königshauses errichten. Viel italienische Träumerei war dabei gewiß mit im Spiel, nicht zuletzt vom milden Klima und, wie viele dieser Gegend nachrühmen, von toskanischen Landschaftsformen beflügelt. So wie einst im 18. Jahrhundert Kurfürst Karl Theodor, im Mannheimer Schloß residierend, die klimatischen Bedingungen der Kurpfalz als höchst geeignet für den Anbau von Maulbeerbäumen befunden hat, so förderte Ludwig I. rings um sein Sommerschloß die Pflanzung von Edelkastanien. Die „Keschte", wie die Pfälzer diese Baumfrüchte nennen, wurden die bevorzugte Speise zu neuem Wein. Sie sind eine willkommene Ergänzung zu den in der Pfalz ebenso reifenden Mandeln und Walnüssen, zu den fruchttragenden Feigenbäumen und den weiten Tabakfeldern, die im Sommer die Ebene zum Rhein über viele Wochen mit ihrem Duft erfüllen.

Die Vermutung läge nahe, die Pfälzer seien mit Wonne bayerisch gewesen. Daß dem nicht so war, wenigstens streckenweise nicht, belegt zum Beispiel das Hambacher Fest, von dem in neuerer Zeit als einem Schlüsselereignis deutscher Demokratie gesprochen wird. Bevor die Pfalz bayerisches Königsland wurde, gehörte sie wie gesagt unter Napoleonische Oberhoheit. Zwar nur fünfzehn Jahre lang. Die aber genügten, um Freiheiten kennenzulernen, die es damals in deutschen Landen sonst nicht gab. Denn Napoleon war nicht nur ein gefürchteter Feldherr und Eroberer, dessen Heere alles niedertrampelten; in ihm und durch ihn wirkten auch friedliche Ordnungsprinzipien, die ihren Ursprung in der großen Französischen Revolu-

Die Pfalz besitzt ein außergewöhnlich mildes Klima, in dem nicht nur der Wein gedeiht, sondern auch Salat und Gemüse aller Art. Selbst Mandel- und Feigenbäume fühlen sich hier wohl. Aber auch der Tabakanbau hat in der Pfalz wirtschaftliches Gewicht, und von den weiten Tabakfeldern in der Rheinebene strömt im Sommer für viele Wochen ein angenehmer Duft übers Land.

tion hatten. Die Pfälzer lernten in jener Zeit die Grundsätze der bürgerlichen Freiheit und der Rechtsgleichheit kennen. Das französische Recht, wie es Napoleon gesetzt hatte, garantierte zum Beispiel den Richtern absolute Unabhängigkeit von der Verwaltung, machte sie unabsetzbar und führte öffentliche und mündliche Gerichtsverfahren ein. Zur Unverletzlichkeit der Wohnungen kam als unbekannter Fortschritt eine kaum eingeschränkte Pressefreiheit. Die bayerische Verfassung von 1818 respektierte zwar das französische Recht der Pfälzer. Doch in der Praxis gab es Schwierigkeiten, die verständlich sind, wenn man bedenkt, daß im zugewonnenen pfälzischen Gebiet freiheitlichere Bedingungen herrschten als in den bayerischen Stammlanden. Die daraus resultierenden Spannungen, die auch noch durch wirtschaftlichen Ärger der Pfälzer verstärkt wurden, lästiger Zollbestimmungen wegen, führten 1832 dann zu einer lokalen Explosion, mit einigen überlokalen Perspektiven. Opponenten gegen die Obrigkeit, der sie gerade unterworfen waren, huldigten damals in europäischen Ländern der Sitte, „Bankette“ zu veranstalten, die offiziell der Geselligkeit sowie gutem Essen und Trinken gewidmet sein sollten. Das waren sie auch, je nach Temperament und Neigung der Teilnehmer mehr oder weniger üppig. Daß beim Hambacher Fest am 27. Mai 1832 tüchtig „gefressen und gesoffen“ wurde, sei einem Pfälzer, der seine Landsleute kennt, an dieser Stelle zu vermuten erlaubt. Aber ebenfalls zum Sinn – besser zum Hintersinn – solcher Bankette gehörte die politische Diskussion und Demonstration. Die Journalisten Philipp Jacob Siebenpfeiffer und Johann Georg August Wirth führten auf dem Hambacher Schloß das große Wort im Interesse der Unzufriedenen in der Pfalz. Viele Polen, die damals schon radikaler

Das Hambacher Schloß bei Neustadt an der Weinstraße kann auf eine lange und bewegte Geschichte zurückblicken. Vor allem ist es durch das „Hambacher Fest“ am 27. Mai 1832 bekannt geworden, als rund 30 000 Teilnehmer ihren Ideen von einer national-deutschen Demokratie Ausdruck verschaffen wollten.

russischer Herrschaft entflohen waren, und Gruppen aus Frankreich erlebten sowohl die Proklamation momentaner punktueller Unzufriedenheit wie zugleich der Forderungen nach deutscher Einheit unter der mitgeführten schwarz-rot-goldenen Fahne und des Wunsches nach den gleichen Rechten und Freiheiten für alle europäischen Völker. Deshalb ist heute das Hambacher Schloß zum Nationaldenkmal deutscher demokratischer Erhebung ausgestaltet worden. Den Wortführern von damals wurde der Prozeß gemacht, sie erhielten mehrjährige Haftstrafen und landeten schließlich im Exil in der Schweiz. In die Pfalz rückten bayerische Truppen ein, viele Rechte und Freiheiten wurden erstickt.

Die „bayerische Pfalz" hat ihren Ursprung allerdings bereits im Jahre 1214. Damals übertrug Friedrich II., der glänzendste aller Stauferkaiser, die Pfalzgrafschaft dem Wittelsbacher Herzog Ludwig I. von Bayern. Als der letzte Pfalzgraf bei Rhein, Ruprecht III., 1410 das Zeitliche segnete, erlebte sein weit arrondiertes Stammland eine Vierteilung, aus der als ein Stück die spätere eigentliche Kurpfalz hervorging.

Die Pfalzgrafschaft war also von den Staufern verliehen worden, den mächtigen Herren des Heiligen Römischen Reiches Deutscher Nation. Sie und ihre Vorgänger, die Salier, hatten das pfälzische Land, um das es in diesem Buch geht, vom 11. bis zum 13. Jahrhundert zur Königslandschaft erhoben. Diese große Vergangenheit der Pfalz wird bis in die Gegenwart durch eine Art magisches Dreieck beschworen. Die Linien dieses Dreiecks verbinden die Stammburg der Salier, die Ruine der Limburg oberhalb von Bad Dürkheim, mit der in freier Anlehnung an die Baukonzeptionen der Staufer wiedererrichteten Reichsfeste Trifels bei Annweiler in der Südpfalz und beide kaiserlichen Hochsitze mit dem Dom zu Speyer, der Grablege von acht Kaisern und Königen, drei Kaiserinnen und fünf Kanzlern. Der Salierkaiser Konrad II. war 1030 von der Limburg nach Speyer gekommen, um den Grundstein für den Dom zu legen, das größte Bauwerk romanischen Stils auf deutschem Boden. Kaiser Friedrich Barbarossa, der Staufer, fühlte sich stets vom Speyerer Dom so angezogen, daß er dort begraben sein wollte. Nachdem er von einem Kreuzzug ins Morgenland nicht zurückkehrte, fanden wenigstens seine zweite Gemahlin Beatrix und sein Sohn, König Philipp von Schwaben, im Dom am Rhein ihre letzte Ruhestätte. Die Staufer, aus Schwaben stammend, hatten ihre Reichsburg Trifels auf einem Kegelberg des Pfälzer Waldes uneinnehmbar ausgebaut. Von 1125 bis 1273, fast 150 Jahre also, lagen auf dem Trifels die Insignien des Reiches – Krone, Zepter und Reichsapfel – verwahrt, die heute im Original in der Schatzkammer der Wiener Hofburg zu besichtigen sind. Somit war die Pfalz einmal Herzland Europas, hatte doch das damalige Reich eine Ausdehnung von Sizilien bis zur Nordsee.

Ihm folgte auf deutschem Boden die Herrschaft der Fürsten. Die heutige linksrheinische Pfalz war damals Bestandteil der Kurpfalz, welche

Der sagenumwobene Trifels über Annweiler war für die Staufer das Sinnbild von Macht und Größe. Von hier aus beherrschten die Staufer für lange Zeit nicht nur die wichtige Straße von Metz an den Rhein, sondern verwahrten auch die Reichsinsignien – und hohe Staatsgefangene in den sicheren Mauern. In den Jahren 1193 und 1194 war auch der englische König Richard Löwenherz gefangen auf dem Trifels, und die Sage berichtet von dem Sänger Blondel, der mit seinen Liedern dem König hinter dem vergitterten Fenster Trost und Hoffnung spendete.

Nächste Doppelseite: Im Jahre 1030 legte Kaiser Konrad II. den Grundstein zur größten romanischen Kirche Deutschlands – dem Dom zu Speyer. Die schicksalschweren Jahrhunderte überstand das Bauwerk nahezu unversehrt. Von Speyer aus trat Heinrich der IV. seinen berühmten Gang nach Canossa an. Bernhard von Clairvaux rief 1146 im Dom zur Teilnahme am Kreuzzug auf, die herrliche Krypta wurde zur Ruhestätte vieler Kaiser, Könige und Bischöfe.

vom 15. bis zum Beginn des 19. Jahrhunderts von den Kurfürsten in Heidelberg und später in Mannheim regiert wurde. In den Anfang der Ära fürstlicher Herrschaft fielen die konfessionellen Auseinandersetzungen zwischen den unterdessen auf den Plan getretenen Protestanten mit ihren verschiedenen Richtungen und denen, die dem katholischen Glauben die Treue hielten. Auch die Bauernaufstände sowie der Dreißigjährige Krieg fegten zu dieser Zeit über die deutschen Fürstentümer hinweg. Die Ritterschaft, die gleich den später sich erhebenden Bauern den neuen Landes- und geistlichen Fürsten den Fehdehandschuh hingeworfen hatte, fand in der Pfalz einen so hervorragenden Repräsentanten wie Franz von Sickingen. Die Pfälzer Bauern hatten sich auf der Kerwe zu Nußdorf, einem Ort nahe Landau, 1525 den Mut noch mit etlichen Schoppen Wein gestärkt, bevor sie Klöster und Schlösser berannten, plünderten und dem Feuer anheimgaben.

Kurfürst Ottheinrich regierte auf dem Heidelberger Schloß von 1556 bis 1559, verhalf der neuen Glaubenslehre zum Durchbruch und bescherte der Kurpfalz eine blühende Zeit. Der Ottheinrichsbau des Heidelberger Schlosses zeugt vom Aufbruch der Künste und Wissenschaften. Fortan herrschten trotz ausgeprägter Glaubensstrenge Wohlstand und Lebensfreude im Land. Es ist die Zeit, wo man im Tagebuch des Kurfürsten Friedrich IV. öfter den Eintrag findet: „Gestern wieder voll gewest." Höhepunkt kurfürstlichen Glanzes – die Residenz war schon von Heidelberg nach Mannheim verlegt worden – brachte die Regentschaft Karl Theodors, der die Pfälzische Akademie der Wissenschaften begründete, die größten Künstler und Gelehrten an seinen Hof berief und dessen Musiker der Welt die Sinfonien der „Mannheimer Schule" hinterließen.

Die Zeit der Kurfürsten von der Pfalz war jedoch permanent gekennzeichnet durch den Ehrgeiz der Franzosen, zum Rhein vorzudringen. Über zehn Reichstädte, darunter Landau, hatten sie 1648 Schutzmacht erhalten. Um diesen Ehrgeiz zu stoppen, vermählte Kurfürst Karl Ludwig seine Tochter Elisabeth Charlotte – die Liselotte von der Pfalz – mit dem Bruder des Sonnenkönigs Ludwig XIV., dem Herzog von Orléans. Was Glück bringen sollte, wurde zur Quelle des fürchterlichsten Unglücks. Im Pfälzisch-Orléanschen Erbfolgekrieg, den der Sonnenkönig, wie er sagte, zugunsten seiner Schwägerin vom Zaun brach, wurde alles zerstört, was der Dreißigjährige Krieg noch übriggelassen hatte. Unter anderem gingen das Heidelberger Schloß und der Speyerer Dom in Flammen auf. Mit Napoleons Herrschaft über die linksrheinische Pfalz ab 1801 hörte schließlich die Kurpfalz zu existieren auf.

Heute leben wir in anderen Zeiten. Über den Ruinen des Zweiten Weltkriegs in Westeuropa haben Deutsche und Franzosen sich ausgesöhnt und sind aus „Erbfeinden" zu Verbündeten geworden. Bis dahin aber hatten die Pfälzer in ihrem Grimm auf die Nachbarn im Westen auch etwas zu lachen. Dann nämlich, wenn sie die Briefe ihrer Stammesschwester Liselotte von der Pfalz zur Hand nahmen. Diese Briefe leuchten in witziger, drastischer und, wie sich erwies, zutreffender Form hinter die Kulissen des degenerierten Hofes von Frankreich. „Derb wie ein Pfälzer Bauer", sagt Ernst Johann in seinem Buch „Deutschland deine Pfälzer", „spricht und schreibt sie von Pissen, Kacken und Furzen und schwört in Wort und Tat auf die kleinen Freuden jener Tätigkeiten. Die Originalität und die Freimütigkeit ihrer Briefe machen Liselotte zu jener Figur, die bis heute alle anderen Pfälzer überlebt hat."

Die Pfalz besitzt das größte Salat- und Gemüseanbaugebiet der Bundesrepublik. Im milden Klima gedeihen Kopfsalat, Kohlköpfe, Kartoffeln, Tomaten, Zwiebeln, aber auch Äpfel, Kirschen und Zwetschgen prächtig. Kein Wunder, daß die Pfälzer Küche sich dieser Naturschätze vor der eigenen Haustüre liebevoll angenommen hat. Eine Besonderheit sind die Edelkastanien, die hier ebenfalls ideale Voraussetzungen vorfinden und deren Früchte, die „Keschte", der Pfälzer vor allem zum neuen Wein schätzt.

Typisch pfälzisch

„Uff die Bäm, die Pälzer kummen." Diesen, man muß schon sagen „Warnruf" kennen alle Stämme und Völkerschaften, die an die Pfalz angrenzen. Die Saarländer, die Rheinhessen, die Badener und auch die Elsässer. Wenn man diesen Ruf so hört oder liest, wäre fast anzunehmen, es würde vor Kannibalen oder Vandalen Alarm geschlagen. Nun, die Pfälzer essen zwar gerne – viel und in eigenem Verständnis gut –, aber noch war nicht davon zu hören, daß sie auch Menschen gefressen hätten. Sie trampeln auch gerne in alle nur erdenklichen Fettnäpfchen, die so in der Welt herumstehen. Doch liegt das mehr im plumpen, zuweilen auch tollpatschigen oder gar von sich selbst ganz und gar überzogenen pfälzischen Naturell und nicht in einem angeborenen Vandalismus. „Un in de Palz, do sin noch heit die scheenschte un die strammschte Leit", heißt es bei Paul Münch in seinem Weltgeschichtskapitel „'s Paradies". Nicht selten stellt sich im Umgang mit Pfälzern der Eindruck ein, sie würden das, was ihnen der Mundartdichter da ironisch nachrühmt, wirklich von sich glauben. Und wer der „Scheenschte" und der „Strammschte" ist, so liegt es nahe, die Charakteristik fortzuführen, der „wäß ach alles besser"! Und wenn dem nicht so ist, dann wird bei den Pfälzern das bessere Wissen sehr schnell durch Lautstärke ersetzt. „Un grußlich schebbert dorch die Nacht de Pälzer ehr Gekrisch mit Macht." So steht es wiederum bei Paul Münch im Kapitel „De Cäsar". Mit dem Erfolg, daß selbst dieser unerschrockene, nahezu allmächtige Imperator bei einem kriegerischen Ausflug in die Pfalz zwar nicht „uff die Bäm gekrawwelt is", aber immerhin das Weite suchte. Eines scheint dabei doch klar und deutlich zu werden: warum nämlich alle Nachbarn der Pfalz den oben zitierten Warnruf ausstoßen. Wilhelm Heinrich Riehl schreibt bereits 1858 in seinem Buch „Die Pfälzer – ein rheinisches Volksbild" folgende bemerkenswerte Passage: „Die Pfälzer sind aber nicht nur schlagfertig mit Karst und Spaten, wie ihre fränkischen Vorfahren schlagfertig waren in der Politik und mit dem Schwert, sie sind es auch mit der Zunge." Riehl fährt fort: „Namentlich die Vorderpfälzer; minder die etwas langsameren Westricher. Auf jedes Wort muß ein Gegenwort fallen und zwar Schlag auf Schlag. Auf jede unbequeme Bemerkung muß man kräftig auftrumpfen, damit man nicht für einen Pinsel gelte. Besser du sagst eine Dummheit, als du sagst gar nichts. Sagst du die Dummheit nur recht nachdrücklich, so wiegt sie schon so schwer wie ein gescheites Wort. Andere Leute reden auch nicht lauter Weisheit, aber sie reden leiser als die Pfälzer." Man kann dem nur hinzufügen: Hinfahren, ansehen und erleben, daß es heute noch fast genauso ist wie 1858.

Und folgende Feststellung von Riehl ist allzu schön und zutreffend, als daß man sie auslassen sollte: „Wenn wir uns am Sonntage einem pfälzischen Wirtshause nur von weitem nähern, so schallt uns häufig ein Wortgebraus entgegen, daß wir meinen, da drinnen zankten sich hundert Leute auf Mord und Totschlag. Treten wir ein, so sind es nicht zwanzig, die in friedlichen Gruppen mit alldem Getöse nur ein Plauderstündchen halten und von Wein und Wetter sprechen." So weit die Stimme des Münchner Ethnologen Riehl aus dem vorigen Jahrhundert. Jetzt sicher eher verständlich: „Uff die Bäm, die Pälzer kummen."

Bei allem Gekreisch, bei aller Lautstärke pflegt der Pfälzer auch noch eine äußerst drastische Ausdrucksform. Kommt eine Pfälzerin, dick, drall und derb, in einen Metzgerladen: „Was hänner dann do fer Blindschleiche liche", fragt sie die Metzgersfrau, die säuerlich erwidert: „Blindschleiche? – Des sin unser Weißwärscht!" Der Pfälzer hat ja auch nicht Durst, sondern „Dorscht" und ißt nicht fein und pingelig Wurst, sondern „Worscht". In der Saftigkeit dieser Worte sind auch unschwer bereits die Quantitäten zu erkennen, die einer zu sich nimmt. „Er lief, er trank, er kam, er nahm. Des is fer uns doch viel zu zahm", sagt der Bellemer Heiner, der Mundartpoet August Heinrich aus Bellheim, und fügt hinzu: „Des is nit deitlich, is nit kloor, en Pälzer bringt des besser vor. Er is kumme, hot genumme, is geloffe und hot gsoffe."

„Die Pfälzer saufe un achiele (spezieller Ausdruck für Vielessen), daß selbscht de Mage kriecht sei Schwiele", heißt ein anderer Spruch. Und „Sprich" machen die Pfälzer halt gar zu gern. „Liewer än Bauch vum Esse un Drinke als än Buckel vum Schaffe." In diesen Zusammenhang paßt auch der Dialog, den ein Anilinarbeiter mit einem anderen im Zug von Neustadt nach Ludwigshafen führt. „Anilin" heißt heute noch in der Pfalz die BASF.

Der eine: „Mei liewer Mann, geschtern hammer bei meiner Schweschder än Zwiwwelkuche gesse, mit dem hättsch'd direkt Energie schbare könne."

Der andere: „Ja, wieso des?"

Wieder der erste: „Ha no, die Zwiwwle ware noch nit ganz dorch. Wann'd die de Aschtronaude gewwe hättsch'd, do hätten die än Rickschtoß kriecht, daß'd se mit dem Zwiwwelkuche hättsch'd uff de Mond schieße könne – ganz ohne Raket."

Zwar ist Zwiebelkuchen kein pfälzisches, sondern ein alemannisches Gericht, und zu neuem Wein verspeist der Pfälzer lieber „Keschte" (Kastanien), aber der Zwiebelkuchen greift um sich, zumal die Pfalz mit 750 Hektar Anbaufläche für die „cepula", wie die Römer die Zwiebel nannten, an der Spitze der Bundesrepublik liegt. „Zwiebel gessen, erreitzen die Begird zur Speiß, reinigen den Darm, lindern den Stuhlgang und entzünden die unkeusche Gelust", erklärte 1563 der Gelehrte Mattioli. Kein Wunder, daß bei solchen Eigenschaften die Zwiebel den Pfälzern sehr am Herzen liegt.

Uz und Jux sind landesüblich. Man nimmt Fremde gerne auf den Arm, wenn sie sich nehmen lassen. Folgende Geschichte aus dem „Landauer Anzeiger" vom 11. August 1932 steht dafür:

„Der Landwirt und Altbürgermeister August Hoffmann, ein pfälzisches Original, früher Besitzer der bekannten Wirtschaft Zum Ochsen in Klingenmünster, wird nun bald, die Fortdauer des jetzigen schönen Sonnenwetters vorausgesetzt, mit dem Wenden seiner Trauben beginnen."

Mit dieser echt pfälzischen Geschichte hat es folgende Bewandtnis: Wenn August Hoffmann seinen Gästen in vorgerückter Stunde und entwickelter Stimmung einen besonders guten Tropfen Pfälzer Weines vorsetzen wollte, dann leitete er diese Aktion wie folgt ein: „Meine Damen und Herren! Trinken sie mit Verstand und Bedacht, was Ihnen jetzt vorgesetzt wird! Dieser Tropfen ist was Besonderes, er stammt nämlich aus dem gewendeten Wingert! Ich sehe, Sie fragen, was das ist, ein gewendeter Wingert. Das ist ein Wingert, in dem ich alle Trauben, wenn sie von der Sonne auf der einen, ungeschützten Seite braungebrannt sind, auf die andere Seite herumdrehe, also wende, damit auch diese von der Sonne gebräunt wird. Auf diese Art werden die Trauben auf beiden Seiten von der Sonne braungebrannt, was die Güte der Trauben vorteilhaft beeinflußt. Das kostet Arbeit, aber versuchen Sie bitte das vor Ihnen stehende Ergebnis der Bemühungen, und Sie werden mit mir vom gewendeten Wingert begeistert sein. Prosit."

Fröhlich Pfalz, Gott erhalt's!

Ein Volkslied hat ihn und seine Landschaft berühmt gemacht – den Jäger aus Kurpfalz. Ob es ihn in Wirklichkeit jemals gab, wer es gewesen ist, weiß man nicht so genau. Vielleicht kann man Pfalzgraf Johann Kasimir diesen Titel zuschreiben, der im 16. Jahrhundert lebte und ein großer Waidmann vor dem Herrn war. Oder aber der Jäger von Kurpfalz ist ganz einfach eine symbolische Figur, stellvertretend für den großen Wildreichtum der Pfalz. Auf der nächsten Doppelseite sind einige jener zauberhaften Rokokoschöpfungen aus Porzellan abgebildet, die aus der berühmten, von Kurfürst Karl Theodor 1755 gegründeten Frankenthaler Manufaktur stammen.

Ein Jäger

der reitet durch

aus Kurpfalz

den grünen Wald…

beiden am Stamm verbliebenen Reben werden nunmehr nach rechts und links gebogen und an einem der Spanndrähte, die sozusagen das Gerüst der Wingertszeilen bilden, angebunden. Von alters her geschah dies mit Weiden. Konservative Winzer geben noch heute der Weide zum Anbinden der Reben, zum „Kammertmachen", den Vorzug vor längst gefundenen Ersatzmitteln wie dünnem Draht, der mit Papierstoff umwickelt ist.

Als weiterer Arbeitsgang ist das Spritzen notwendig, die allsommerlich erforderliche Bekämpfung von Blattkrankheiten. Die bläulich gefärbte Spritzbrühe muß, um wirksam zu werden, möglichst die Blattunterseite erreichen. Dort setzen sich vornehmlich die Krankheitskeime fest. Bevor die heute verwendeten Kleintraktoren zur ebenso bequemen wie nützlichen Durchfahrt durch die Wingertsfurchen – das sind die Zwischenräume zwischen den Rebenzeilen – konstruiert waren, denen man unschwer einen Satz von Spritzdüsen und einen Behälter für die Spritzbrühe aufsetzen kann, mußten Männer und auch Frauen mit entsprechenden Behältern auf dem Rücken durch die Furchen laufen. Was außerdem früher mit der Hacke erreicht wurde oder auch mit dem kuhbzw. pferdegezogenen Pflug, nämlich die notwendige Lockerung des Bodens und die Beseitigung des Unkrauts, wird inzwischen von den Kleintraktoren ebenso erledigt. Nur in sehr steilen Weinbergslagen, wie sie in der Pfalz ganz selten vorhanden sind, müssen sich die Winzer noch der alten Arbeitsmethoden bedienen.

Den Höhepunkt des Winzerjahres stellt natürlich die Weinlese dar. Der Weg der Traube vom Rebstock ins Faß ist folgender: Die Leser schneiden die Trauben mit Messern oder Scheren in die Kübel. Dabei spielt neben dem Auge der Tastsinn auch eine wesentliche Rolle. Daher sind Handschuhe zum „Herbschden" ungeeignet. Angängig sind bestenfalls solche, bei denen die blanken Finger oben herausschauen, damit sie die Beeren bzw. – uff pälzisch – die „Trauwedotze" spüren können. Aus den Kübeln wandern die Trauben in die Hotten, auch Logeln genannt, die in den Furchen stehen und vornehmlich von Männern, „Hottenträgern", betreut werden. Es soll in vergangenen Zeiten Leseherren gegeben haben, die die Leser häufig zum Singen ermunterten, damit nicht zu viele Trauben gegessen wurden. Auch solche Übungen sind modernen Einsichten gewichen, jenen nämlich, daß jeder nur ein gewisses Quantum vertragen kann. Denn die Brotzeit beim „Herbschden" ist auch nicht von schlechten Eltern. Sie entspricht durchaus der Hochstimmung, in der sich im Herbst ein Weinland befindet.

Die Hottenträger – eine Hotte oder Logel nennt man einen nach oben konisch sich öffnenden Behälter – tragen ihre Traubenlast von zehn bis zwölf Kübeln zu der am Wingertsrand auf einem Wagen abgestellten Bütte und leeren sie dort hinein. Oder aber – das gibt es auch – auf der Bütte steht bereits eine Traubenmühle, welche durch entgegengesetzt laufende Walzen die Traubenbeeren zerquetscht und somit die „Maische" herstellt. Dieser Mahlvorgang kann aber auch zu Hause im oder vor dem Kelterhaus erfolgen, denn dieses Gemisch von Saft, Beerenschalen, Kernen und Stengeln gelangt schließlich in die Kelter. Aus ihr fließt der trübe, oft schmutzigbraun gefärbte Most durch dicke Schläuche in die Fässer im Keller, wo der Gärund Reinigungsprozeß stattfindet. Während die gelesenen Weine gärend im Keller gluckern, gluckern darüber im Kelterhaus einige Dutzend Liter vom Vorjährigen durch die Kehlen der fleißigen Leser, es wird geschunkelt und da und dort nach den Klängen einer Ziehharmonika getanzt, es gibt was Gutes zu essen, und die Freude über die eingebrachte Ernte kennt keine Grenzen ...

Die Pfälzer Weine

Die Arbeit im Weinberg ist für alle Reb- bzw. Weinsorten die gleiche. Die Frage liegt nahe, welche Weine die Pfalz zu bieten hat. Zweifellos die Krone aller Weine ist der *Riesling*. Über die Herkunft der Rieslingrebe zerbrechen sich die Fachleute noch immer die Köpfe. Niemand weiß etwas Genaues. Der Riesling vermag, wenn er ausgereift ist, die höchsten Ansprüche an Feinheit, Eleganz und Fruchtigkeit zu erfüllen. Die Rebe stellt aber auch höchste Ansprüche an Klima, Bodenbeschaffenheit und Lage. Sie erbringt Weine, deren Säuregehalt Schmackhaftigkeit, Frische, Bekömmlichkeit und Haltbarkeit garantiert. Hochedel als Auslese, Beeren- und Trockenbeerenauslese, zeichnet sich der Riesling als Tafel- und Qualitätswein durch Trockenheit und Säure aus. Sein Anteil an der pfälzischen Anbaufläche beträgt rund 14 Prozent.

Zu den überlieferten, klassischen Sorten der Pfalz gehört der *Silvaner*. Er ist milder als der Riesling, stellt geringere Ansprüche und liegt im Ertrag höher. Und dennoch ist sein Anbau in der Pfalz in den letzten Jahrzehnten stark zurückgegangen. Es mag daran liegen, daß man den Silvaner nach Art und Charakter in gewisser Weise als Neutrum bezeichnen kann. Ein herber Silvaner mit geringem Alkoholgehalt trinkt sich sehr gut in heißen Sommertagen. In solcher Form erfreut er sich bei Kennern auch das Jahr über als Zechwein großer Beliebtheit. Sein Anteil liegt in der Pfalz bei 17 Prozent.

Der *Müller-Thurgau* hat auf pfälzischem Boden den Silvaner von seiner einstigen Spitzenstellung verdrängt. Er liegt mit 24,2 Prozent Anbauanteil weit vorne. Zwei Gründe mögen in der Hauptsache dafür ausschlaggebend gewesen sein: Der Müller-Thurgau, von einem Herrn Müller Ende des letzten Jahrhunderts im schweizerischen Kanton Thurgau als Kreuzung von Riesling und Silvaner gezüchtet, reift auch in schlechteren Jahren besser aus als der Riesling samt dem Silvaner. Außerdem gilt er als Massenträger und hat als solcher den Silvaner als Konsumwein verdrängt. Durchgereift, ist dem Müller-Thurgau ein spezielles, weithin beliebtes Bukett eigen. Bei pfleglicher Behandlung vermag er auch mit Erfolg in die Klasse der Spät- und Auslesen vorzudringen.

Jeweils etwas über sieben Prozent der pfälzischen Anbaufläche bedecken der *Kerner* und der *Morio-Muskat*. Der Landwirtschaftsrat Peter Morio aus Landau in der Pfalz hat Silvaner mit Weißem Burgunder gekreuzt. Heraus kam der Morio-Muskat, der seinen Bukettreichtum schon im Namen verrät. Wenn er sich voll entfalten soll, braucht er gleich dem Riesling hohe Reifegrade. 50 Prozent aller Kerner-Reben wachsen in der Pfalz. Die Sorte kommt aus Weinsberg bei Heilbronn und entstammt einer Kreuzung der Rotweinsorte Trollinger mit der Riesling-Rebe. Der Kerner besitzt die Frische des Rieslings, ist vollmundiger als der Müller-Thurgau, reift gut und bringt somit hohe Öchslegrade. Ob solcher Eigenschaften gewinnt er zunehmend Freunde.

Der Züchter Georg Scheu aus Alzey hat seinen Namen der *Scheurebe* geliehen, einer Kreuzung, wie der Müller-Thurgau, aus Riesling und Silvaner. Auch dieser Wein (4,7 Prozent Anbauanteil) ist dem Riesling ähnlich, schmeckt jedoch in der Regel lieblicher und gedeiht auch in mittleren Lagen noch gut. Breit angelegt in seiner Art ist der *Ruländer* oder auch Grauer Burgunder genannt. Ein Kaufmann aus Speyer soll die Rebe von einer Reise mitgebracht und für ihre Verbreitung gesorgt haben. Trotz seiner angenehmen Säure gilt der Ruländer, der zu 2,9 Prozent in der Pfalz angebaut wird, als wuchtig und schwer. 2,2 Prozent Anbauanteil erreicht die *Huxelrebe*, die vom Winzer Fritz Huxel aus Westhofen bei Worms in dem Bestreben gezüchtet wurde, unter jeglichen Bedingungen überdurchschnittlich hohe Mostge-

Wein ist ein beherrschendes Thema für die Pfalz. Die Römer pflanzten schon im 4. Jahrhundert die ersten Reben, und heute ist die Pfalz mit Abstand der größte Weinerzeuger der Bundesrepublik.
Unsere Abbildung oben zeigt das Prunkfaß des Kurfürsten Karl Theodor, das er 1766 auf dem zugefrorenen Rhein aufsetzen ließ. Es befindet sich heute im Weinmuseum zu Speyer.
Links sehen wir einen Holzbildhauer bei der Arbeit. Obwohl auch in den Pfälzer Weinkellern Kunststoff- oder Edelstahltanks vorherrschen, hält doch so mancher Winzer an der ehrwürdigen Tradition des Holzfasses fest, wobei es natürlich nicht immer ein solches Kunstwerk wie hier im Bild sein kann.

wichte und folglich auch relativ leicht Auslesen und Beerenauslesen zu gewinnen. Dies ist ihm mit der Kreuzung aus Gutedelrebe und der französischen Sorte Courtillier musqué trefflich gelungen. Der Charakter dieses Weines ist lieblich bis süß. Schließlich zählt zu den alteingeführten Weinsorten der Pfalz der ungeheuer würzige und mit vorherrschendem Bukett ausgezeichnete *Traminer* oder auch *Gewürztraminer.* Wiewohl zu den pfälzischen Spitzengewächsen zählend, weist sein Anbauanteil von 1,8 Prozent eindeutig aus, daß dieser Wein ob seiner Bukettfülle – man könnte auch Aufdringlichkeit sagen – nur einen vergleichsweise kleinen Anhängerkreis hat.

So, dies wären die Weinsorten, denen man in der Pfalz – nach der weingesetzlichen Gebietsbezeichnung „Rheinpfalz" – hauptsächlich begegnet. Daneben gibt es in kleineren Mengen noch etliche andere Sorten, ältere und neuere, die zuweilen auf Weinkarten oder Angebotslisten pfälzischer Weingüter vorkommen. Zu ihnen gehört der recht elegante *Weiße Burgunder*, der *Freisamer* (Silvaner × Ruländer), die Neuzüchtungen *Forta* und *Optima* sowie die schon länger bekannte *Siegerrebe.* Auf Vollständigkeit erhebt diese Aufzählung jedoch keinen Anspruch, da immer wieder neue Gewächse hervorgebracht werden. Dies geschieht in dem Bestreben, Reben zu finden, die unter den vorherrschenden Witterungs- und Bodenverhältnissen optimale Früchte hervorbringen. Das schließt die Möglichkeit nicht aus, daß die bislang dominierenden Weine ihre Position auch in Zukunft behalten, weil sie bereits die Palette der Geschmacksrichtungen in vollem Umfang abdecken und der Weintrinker – heute darf man wohl getrost „Konsument" sagen – durch immer wieder neue Züchtungsexperimente nur irritiert wird.

Die Pfalz ist ein ausgesprochenes Weißweinland. Nur 15 Prozent der gesamten Anbaufläche bringt Rotweine hervor. Der am meisten vorkommende Rotwein ist der *Portugieser.* Es handelt sich um einen leichten, süffigen Schoppenwein von hellroter Farbe, der frühzeitig reift und zumeist große Mengen ergibt. Seine Ansprüche an den Boden, die Lage und ans Klima sind bescheiden. Ganz im Gegensatz zum *Spätburgunder*, der Bedingungen braucht, wie sie in der Pfalz nur selten vorhanden sind. Am besten gedeiht er am nördlichen Ende der Deutschen Weinstraße, in der Gegend um Bockenheim, wo er seine ganze Fülle, Samtigkeit und Wärme zur Geltung bringt. Beide roten Sorten, der Portugieser und der Spätburgunder, werden häufig auch als Weißherbst gekeltert. Dabei hat ein 76er Spätburgunder Weißherbst Auslese aus Siebeldingen bei Landau nicht nur eine Goldene Kammerpreismünze, sondern sogar auch einen Großen Preis der Deutschen Landwirtschaftsgesellschaft (DLG), die höchste Auszeichnung, die es für einen Wein gibt, errungen.

Welchen Wein zu welcher Gelegenheit? Nun, das ist eine beliebte Frage, die der sich als Nichtkenner verstehende Weintrinker oft von Kennern beantwortet haben will. Dennoch sei folgende Feststellung zu diesem Komplex zunächst erlaubt: Die Strukturen unserer Gesellschaft und damit ihre Gewohnheiten, ihre Sitten und Gebräuche haben sich in den letzten Jahrzehnten grundlegend verändert. Der Konsument will weitgehend selbst bestimmen, was er tut, wie er es tut und was ihm zur Freude bzw. zum Genuß gereicht. Die Übermittlung von Erfahrungen, Vorbilder, gute Ratschläge werden zuweilen als Bevormundung mißverstanden.

Unter solchen Aspekten ist man geneigt zu sagen, ein jeder soll zu jeglicher Speise das trinken, was ihm schmeckt. Zumal gegen diesen Grundsatz in unserer nach Selbstbestimmung und Selbstverwirklichung strebenden Gesellschaft kaum etwas zu sagen ist. Nur, wenn man Gäste hat und ein heilloses Chaos an Wünschen vermeiden will, empfiehlt es sich, vielleicht doch einige erprobte Hinweise zu beachten. Und überdies ist es keine Schande, Bewährtes zu übernehmen, ja, sich auf die Dauer zu eigen zu machen.

Somit seien hier einige Regeln verraten, die man bei der Zusammenstellung von Speisen und Getränken für einen geselligen Anlaß, ein Essen mit Gästen oder auch für sich selbst be-

Hier ruhen sie und reifen in Stille und Geborgenheit ihrem Höhepunkt entgegen – die edlen Tropfen aus der Pfalz.

achten sollte. Ein Prinzip lautet: Trinke zu hellem Fleisch weißen Wein und zu dunklem Fleisch roten Wein. Natürlich ist auch hier keine Regel ohne Ausnahme, und wenn einer gar nicht weiß, was er tun soll, dann gibt es heute ja den Weißherbst, der für empfindliche Zungen eine Art Zwitterstellung einnimmt, aber im Zweifelsfall oftmals die Rettung darstellt. Absolut sicher geht indessen jeder, der zu Fisch jeglicher Art, vor allem zu gekochtem Fisch, einen herben, gut gekühlten Weißwein serviert. Ein Weißwein stimmt auch immer zu Huhn oder Hähnchen, zu Kalb- oder Schweinefleisch. Zieht man die Extreme in Betracht, dann gehört zum Fisch – außer Aal – und zum Hähnchen und Huhn ein leichter Weißwein, zum Kalbfleisch ein mittelschwerer, und zum Schweinebraten darf es ruhig etwas Schwereres, ein vollmundiger Riesling Kabinett etwa, sein; desgleichen auch zum Aal. Das heißt also, je schwerer ein Gericht ist, um so schwerer und alkoholreicher darf der Wein sein. Wird der Gaumen darüber hinaus mit starken Gewürzen strapaziert, sollte man einen Wein mit ebenfalls vollerem

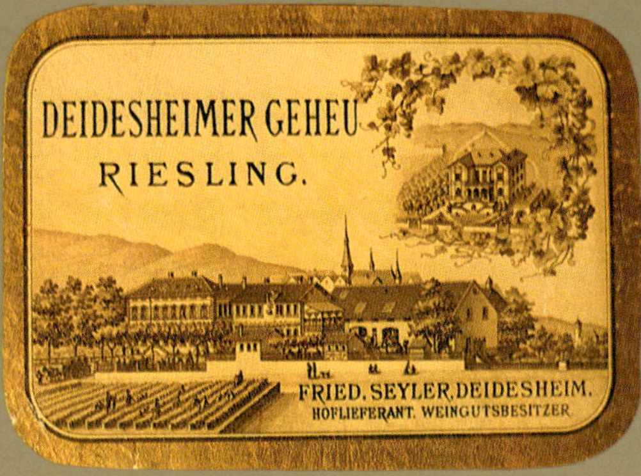

Alte Weinetiketten erzählen so manche Geschichten aus vergangenen Zeiten.

Ob Rittersmann ob Lanzenknecht Ein jeder gern sein Schoppen stecht
Forster Alser u. Langenmorgen
18 89.
Aus der Kellerei von
Bassermann-Jordan
Deidesheim (Pfalz)

FITZ & BAUST
WEINGUTS BESITZER
DÜRKHEIM A/H
RHEINPFALZ
ELLERSTADTER FEUERBERG.

PFALZ

J. CRON, DÜRKHEIM A/H
1862er Forster Kirchenstück.

Nürnberg 1882.
Amsterdam 1883.
S. EBER,
Weingutsbesitzer,
HAARDT a/N.
RHEINPFALZ.
HOFLIEFERANT
SR. KGL. HOHEIT DES PRINZEN ARNULF VON BAYERN.
NEUSTADTER.

Dürkheimer Rothwein

AUS DEM WEINGUTE
VON L. A. JORDAN
(BASSERMANN-JORDAN)
DEIDESHEIM-FORST
RUPPERTSBERG
IN DER RHEINPFALZ
1911er
FORSTER HUTTENWINGERT RIESLING.
IN VITE VITA

Pfälz

r Saumagen

Weinfesten ein. Da der Festraum oft eng ist, die Mittel nicht groß und der Zweck beim Weinabsatz beginnt und dabei endet, ergibt sich hier sehr häufig eine Atmosphäre, in der Gespräche und Fröhlichkeit aufblühen.

Als die Deidesheimer ihr Weinfest mit der Kerwe zusammenlegten, um seitdem regelmäßig an zwei Augustwochenenden um den althergebrachten Kirchweihtag ihre „Weinkerwe" zu feiern, gaben sie ein Beispiel für viele andere Gemeinden. So erwacht die Pfälzer Kerwe vielerorts zu neuem Leben. In einer Weingasse reihen sich die überdachten Ausschankstellen aneinander, die altbekannten Weingüter öffnen ihre Höfe und Gärten, an Tischen und Bänken läßt man sich zu Speis' und Trank nieder, hausgemachte Würste, allerlei Fleischgerichte und Käsehappen sind die handfesten Begleiter manches Schoppens Wein, die Zungen sind gelöst, jeder spricht mit jedem. Ein nüchterner Beobachter, so es noch einen gäbe, würde feststellen: „Hier ist des Volkes wahrer Himmel."

Wenn im Herbst der erste Most im Keller beim Gären gurgelt, hebt in Landau ein Weinfest an, das weithin seinesgleichen sucht: das Fest des Federweißen. Auf dem Rathausplatz mitten in der Stadt scharen sich die Zelte der Weingüter und Wirte um den Brunnen. Ein Wochenende lang werden die Schoppengläser mit Federweißem gefüllt und zu gekochten oder gerösteten Kastanien, den „Keschte", geleert. Schon mancher Fremde, voll Mißtrauen gegen den neuen Wein, hat sich von der Begeisterung der Pfälzer für ihren Federweißen anstecken lassen. Seitdem dieses Huldigungsfest für den jungen Weingott die Südpfälzer Herbsttage krönt, zieht es von Jahr zu Jahr mehr Freunde an.

Der Kenner findet beim Durchblättern des Kalenders auch ein paar alte Feste, die in ihrer Form fast unberührt bis zur Gegenwart erhalten geblieben sind. Inhalt, Ablauf und festgelegter, nur schwer zu verändernder Raum mögen für ihre Erhaltung ausschlaggebend gewesen sein. Zu diesen traditionsreichen Festen gehört die immer wieder den Pfingstdienstag zum Mittelhaardter Feiertag erhebende Geißbockversteigerung auf den Rathausstufen zu Deidesheim mit dem tags zuvor in Lambrecht gefeierten Geißbockfest. Auch das Böhämmerfest in Bad Bergzabern ist in seinem Kern erhalten geblieben, diese merkwürdige Feier zu Ehren jener komischen Vögel, der Böhämmer eben, die sich zur Winterszeit einstens in den Wäldern um die südpfälzische Stadt eingefunden haben sollen, dort reihenweise auf kahlem oder benadeltem Geäst Platz nahmen, um – wie überliefert wird – mit Blasrohren und Lehmkugeln ebenso reihenweise abgeschossen zu werden.

Unveränderlich in ihrer Grundlage sind jahreszeitlich bedingte Feiertage wie die Blütenfeste in Freinsheim und Weisenheim, das Mandelblütenfest in Gimmeldingen, die nach dem Krieg in einigen Städten eingeführten Blumenkorsos sowie das Zweibrücker Rosenfest, die Wasserfeste wie das sehr beliebte und von vielen Fremden besuchte Fischer- und Schifferfest zu Neuburg, das Roxheimer Gondelfest, das Karpfenfest in Otterstadt und das Rettichfest in Schifferstadt. Kindliche Freude verklärt das Hansel-Fingerhut-Fest in Forst am Sonntag Lätare oder dem Samstag davor.

Zwei köstliche, zwei ganz und gar der Pfälzer Art gemäße Feste seien zum guten Ende genannt: das Handkäsfest in Ober- und Niederlustadt, das „Loschter Handkäsfescht", und die Festtage innerhalb des Deutschen Weinlesefestes in Neustadt, an denen im Saalbau die pfälzische und die deutsche Weinkönigin gewählt werden und der neue Wein eines jeden Jahrgangs auf einen Namen getauft wird.

Für Nichtpfälzer ist es zunächst unfaßbar, daß sich immer am 1. Mai im Maiblumenwald nahe den beiden Dörfern Ober- und Niederlustadt Tausende von Menschen einfinden, sich auf Holzbänke hinter Holztischen setzen und Handkäse essen. Handkäse, mild und läufig, mit ein wenig Kümmel und Pfeffer, dazu nach Wunsch ein frisches Butterbrot und auch weißen Käse mit Schnittlauch und Zwiebel und obendrein Wein oder Bier. Man sitzt, ißt, trinkt und kauft sich, so es die Mitfahrer im Auto, im Omnibus oder in der Eisenbahn nicht allzusehr verdrießt, noch ein Steinguttöpfchen mit

Handkäsen darin, um für die nächsten Tage zu Hause eine unverkennbar duftende Delikatesse zu haben. Entstanden ist diese Huldigung an den Handkäse während der französischen Besatzungszeit nach dem Ersten Weltkrieg. Damals war einmal eine Abordnung aus Loscht zu einem Festzug ins unbesetzte Karlsruhe eingeladen. Um, so wurde darauf beim zuständigen französischen Gouverneur in Germersheim argumentiert, die Karlsruher einmal gegeneinladen zu können, wollte man – es herrschte zu jener Zeit in der Pfalz ein striktes Versammlungsverbot – ein harmloses Waldfest mit Handkäsen, der Spezialität der Loschter Bauersfrauen, veranstalten, ganz unpolitisch, ohne jede Demonstration. Das Fest wurde genehmigt – und es klang aus mit der „Wacht am Rhein" und der deutschen Hymne und wurde seitdem Jahr für Jahr wiedergefeiert.

Der Brauch, eine Weinkönigin zu wählen, ist in der Pfalz einige Jahrzehnte alt. Die übrigen deutschen Weinbaugebiete haben diesen Brauch übernommen, und die Deutsche Weinwerbung hat mit der alljährlichen Wahl einer Deutschen Weinkönigin diesen Brauch ausgebaut.

Wie kein anderer deutscher Volksstamm versteht es der Pfälzer, Feste zu feiern und dem Leben eine heitere Seite abzugewinnen. Ehrensache, daß in der Pfalz das größte Weinfest der Welt, der Dürkheimer Wurstmarkt, abgehalten wird. In Dürkheim steht auch das berühmte Riesenfaß mit einem Fassungsvermögen von 1,7 Millionen Liter. Zwar wird in diesem Faß kein Wein gelagert, dafür aber an bis zu 600 Besucher Wein ausgeschenkt. Aber auch anderswo in der Pfalz wird gefeiert und gefestet. Unsere Bilder zeigen links oben das Forster Sommertagsspiel mit den historischen Figuren der Nudelgret und des Hansel Fingerhut; links unten eine Szene aus dem Wormser Backfischfest. Auf der rechten Seite oben die Geißbockversteigerung in Deidesheim und unten den „Kampf um die Wurst“ beim Billigheimer Purzelmarkt.

Fröhlich' Pfalz – Gott erhalt's!

Backkartoffeln

Uff pälzisch heißt das natürlich *Backesgrumbeere.* Der Name drückt aus, was dabei, bei der Herstellung des Gerichts, vornehmlich geschieht: Es werden Kartoffeln gebacken. Aber nicht einfach in der Pfanne, wie Bratkartoffeln zum Beispiel. Nein, Backkartoffeln sind schon anspruchsvoller. Sie kommen der Pfälzer Vorliebe entgegen, alles ziemlich kompakt zu sich zu nehmen. Und da das am besten in einem Topf gerät, weil das Schmoren aller Zutaten zusammen dem Gericht erst die gewünschte Würze verleiht, haben wir es bei den *Backesgrumbeere* mit einem der so beliebten Eintopfgerichte zu tun.

1 1/2 kg rohe Kartoffeln, 4 Zwiebeln, Fett zum Anbraten, 750 g gesalzenes oder geräuchertes Bauchfleisch, Salz, Pfeffer, Majoran, saure Sahne

Die Kartoffeln schälen und in Scheiben schneiden, ebenso die Zwiebeln. In Fett anbraten. Das Fleisch in Würfel schneiden und alles lagenweise in einen Bräter schichten (Kartoffeln, Fleisch, Zwiebeln usw.). Würzen. Eine Tasse Wasser und zwei bis drei Becher saure Sahne dazugeben. Zugedeckt in den Backofen stellen und bei mittlerer Hitze zwei bis zweieinhalb Stunden langsam garen. In der letzten halben Stunde den Deckel abnehmen, damit das Gericht knusprig wird. Dazu grünen Salat und ein kühles, helles Bier reichen.

Bratäpfel in Wein gedünstet

Mit dieser Nachspeise schlägt man zwei Pfälzer Fliegen mit einer Klappe. Die Pfalz hat viel Obst, und sie hat viel Wein. Eine Kombination von beidem entspricht somit dem, was die Natur in großer Üppigkeit hervorbringt, und auch – und das vor allem – dem angeborenen Geschmack der Pfälzer. Im übrigen ist diese Art von Dessert gut verdaulich.

4 große Boskop-Äpfel, 4 Eßlöffel Johannisbeergelee, 20 Rosinen, 10 Mandeln, 1/4 Liter Weißwein, 4 Teelöffel Butter, 4 Teelöffel Zucker, 1 Teelöffel Zimt

Aus den ungeschälten Äpfeln das Kernhaus herausstechen. Johannisbeergelee mit den Rosinen und den gestiftelten Mandeln vermengen und in die Äpfel füllen. Den Wein in eine gebutterte Auflaufform gießen, die Äpfel hineinstellen und in vorgeheiztem Backofen braten. Wenn sie aufgeplatzt sind, nach ca. 20 Minuten, herausnehmen, auf jeden Apfel ein Stückchen Butter legen, mit Zucker und Zimt bestreuen und dampfend heiß servieren.

Pfälzer Bratwürste

Zu dem als erstklassig bekannten Pfälzer Wurstsortiment – die Würzung der Würste ist hier so herzhaft wie nirgendwo – gehört natürlich die Pfälzer Bratwurst. Man muß schon die „Pfälzer Bratwurst“ sagen, weil es bei Bratwürsten gewaltige Unterschiede gibt – auch in der Größe. Immer wieder wird die Geschichte von jenem Nürnberger erzählt, der gewohnheitsmäßig in einer Pfälzer Wirtschaft sechs Bratwürsteln bestellte und dann höchst erstaunt war, anstelle der gewohnten Nürnberger Bratwürsteln in der Länge und Stärke eines kleinen Fingers sechs drei- bis viermal so große Bratwürste auf einer eigenen Platte serviert zu bekommen. Er konnte sie zwar nicht alle essen, aber die Würze und die grobe Konsistenz hatten's ihm angetan. Merke: Eine echte *Pälzer Brotworscht* muß grob sein!

4 – 8 grobe Pfälzer Bratwürste, Mehl, Milch, Butter

Die groben Bratwürste (für vier Personen vier bis acht an der Zahl) werden durch Milch gezogen, hauchdünn mit Mehl bestäubt und langsam von allen Seiten knusprig braun gebraten. Die klassischen Beilagen sind Kartoffelbrei und natürlich mit Wein zubereitetes Sauerkraut.

Pfälzer-Schlachtplatte

Braune Kartoffeln

Immer wieder kommt der Pfälzer freiwillig und gerne zurück auf die Sau. Wie er kalte Leber- und Griebenwurst zu Quellkartoffeln schätzt, so steht ihm häufig nicht weniger der Sinn nach Leber- und Griebenwurst, nun aber in der Pfanne mit Zwiebelscheiben gebraten, zu Braunen Kartoffeln. Es wird von diesem beliebten Gericht oft von einem Arme-Leute-Essen gesprochen. Doch erstens wissen oft auch arme Leute, was gut ist, und zweitens steht uns verwöhnten Materialisten auch einmal was Schlichtes ganz gut zu Gesicht. Es gibt sogar Leute, die in der Einfachheit einem gewissen Snobismus huldigen.

2 kg Kartoffeln, 3 Eßlöffel Schmalz, 3 gehäufte Eßlöffel Mehl, Wasser, 2 Lorbeerblätter, ein kräftiger Schuß Essig, zum Würzen Salz, Pfeffer, 1 Brühwürfel

Die Kartoffeln schälen und in nicht zu dicke Scheiben schneiden. In Salzwasser fast gar kochen. Abschütten. Gleichzeitig in einem zweiten Topf aus Schmalz und Mehl eine braune Schwitze herstellen. Mit so viel Wasser auffüllen, daß eine dicksämige Soße entsteht. Lorbeerblätter, Essig, Salz und Pfeffer sowie den Brühwürfel dazugeben. Diese Soße mit den Kartoffeln noch einmal durchköcheln. Ein kühles Bier dazu reichen.

Brockelbohnen

Hier handelt es sich um ein Eintopfgericht. Wenn jemand von „Pfefferbohnen“ spricht, so meint er das gleiche. Der Name Pfefferbohnen deutet darauf hin, daß es sich um eine scharfe Sache handelt, die in der Pfalz beliebt ist, weil sie einmal mehr gesunden Durst erzeugt. Brokkelbohnen heißt das Gericht deshalb, weil die dabei verwendeten frischen grünen Bohnen nicht geschnitten, sondern zerbrochen, *gebrokkelt* sind.

1 kg junge grüne Bohnen,
2 Zwiebeln, 250 g Räucherspeck,
500 g Schweinenacken, 1/4 Liter
Fleischbrühe, Pfeffer, Salz,
Bohnenkraut, 500 g Kartoffeln

Die Bohnen putzen und in kleine Stücke brechen. In einem Topf die gewürfelten Zwiebeln, den gewürfelten Räucherspeck und den grob gewürfelten Schweinenacken samt den Bohnenstücken anbraten. Mit der Fleischbrühe ablöschen, mit Pfeffer, Salz und dem Bohnenkraut 30 Minuten kochen lassen. Dann werden die gewürfelten Kartoffeln zugegeben. Den Topf zudecken und 30 Minuten garen lassen. Mit frisch gemahlenem Pfeffer nachwürzen. Dazu wird des Durstes halber, der sich zunehmend einstellt, herber Wein aus dem Pfälzer Schoppenglas – das ist ein halber Liter – getrunken.

Bubenspitzel

„Mami, guck emol dem Briderle sei Spitzel!" Der Ausruf ist gewiß nicht einmalig. Viele kleine Mädchen haben ihn schon in bezug auf ihr kleines Brüderchen gebraucht. Somit dürfte geklärt sein, was ein Bubenspitzel – *Buwespitzel* – ist. In die hochdeutsche Küchensprache übersetzt, handelt es sich um Schupfnudeln. Der Ausdruck *Buwespitzel*, in der Mehrzahl *Buwespitzelcher*, umschreibt mit der üblichen Pfälzer Deutlichkeit gleich Form und Größe des eßbaren Gegenstandes. *Buwespitzelcher* sind ein preiswertes Gericht, zu dem je nach Geschmacksrichtung grüner Salat, aber auch Apfelmus serviert wird.

1 kg am Vortag gekochte Kartoffeln, 2 Eier, Mehl, Pfeffer, Salz, Muskat, Bratfett

Die Kartoffeln schälen und durchpressen. Die Eier dazugeben und so viel Mehl, daß der Teig zusammenhält. Mit Pfeffer, Salz und Muskatnuß kräftig würzen. Aus dem Teig fingerlange Nudeln formen. Diese in siedendem Wasser ziehen lassen, bis sie an der Oberfläche schwimmen. Gut abgetropft, werden sie nun in einer Pfanne mit Fett oder Butter goldgelb gebraten. Sehr gut paßt Sauerkraut dazu, möglichst noch in der Pfanne mit den Bubenspitzel angeschwenkt, und entweder ein kühles Helles oder – niemals falsch! – ein Glas Riesling.

Pfälzer Cognacquitten

Natürlich gibt es in der Pfalz bei der Fülle des Obstes auch Quitten. In vornehmen Häusern pflegte man früher vor allem Quittengelee zu essen, das sich durch seinen eigenartigen Geschmack bewußt von anderen, alltäglicheren Gelee- und Marmeladesorten unterscheiden sollte. Findige Hausfrauen kamen schließlich auf die Idee, es einmal mit eingelegten Quitten zu probieren. Der Erfolg war durchschlagend, wie auch der Einfall von schlauen Bauern, Quitten zu einem, übrigens ebenso seltenen wie schmackhaften, Schnaps brennen zu lassen.

2 kg Quitten, 1/2 kg Zucker,
1/2 kg Bienenhonig, 1/4 Tasse guter Weinessig, 7/10 Liter Wasser,
1/8 Liter Cognac

Die Quitten schälen, entkernen, vierteln und in gleichmäßige Scheiben schneiden. Zucker, Honig, Essig und Wasser in einen Topf geben und aufkochen lassen. Die Quittenscheiben dazugeben und auf kleiner Flamme 20 bis 30 Minuten ziehen lassen. Die Früchte herausnehmen und in Gläser schichten. Den Saft weiterkochen lassen, bis er dicklich ist. Abgekühlt den Cognac dazugeben und über die Früchte gießen. Mit Cellophan verschließen. Schmeckt zu Suppenfleisch, Braten und Wild.

Dampfnudeln

Das Prädikat einer perfekten Köchin erhält ein Pfälzer Mädchen erst mit der Fähigkeit, Dampfnudeln bereiten zu können. Es ist nicht ganz so schwierig wie die Herstellung der weltberühmten Salzburger Nockerln, aber es will gelernt und gekonnt sein. Eine Karnevalsgesellschaft in einem Ludwigshafener Vorort heißt „Oppauer Dambnudle". Ein Beweis mehr dafür, daß es sich bei Dampfnudeln um ein Pfälzer Nationalgericht handelt.

1/2 kg Mehl, 20 g Hefe, 50 g Zucker,
1/4 Liter Milch, 2 Eier, 50 g Butter,
etwas abgeriebene Zitronenschale,
eine Prise Salz

Mehl in eine Schüssel geben. In einer Kuhle inmitten des Mehls die Hefe mit etwas Zucker und der Hälfte der lauwarmen Milch verrühren und ein wenig gehen lassen. Die restlichen Zutaten jetzt beimischen und den Teig gut verarbeiten. An einem warmen Ort zugedeckt eine knappe halbe Stunde gehen lassen. Sodann kinderfaustgroße Nudeln abstechen, auf ein mit Mehl bestäubtes Brett setzen und nochmals gehen lassen. In einen flachen, gut schließenden gußeisernen Topf einen Finger hoch Wasser, 2 Eßlöffel Butter und ein paar Körnlein Salz geben. Aufkochen lassen und die Nudeln hineinsetzen. So lange bei geschlossenem Deckel kochen, bis die Flüssigkeit verdampft ist und sich der angenehme Geruch der Krüstchen ausbreitet. Dampfnudeln werden warm, vornehmlich mit Wein-, aber auch mit Vanillesoße oder Pflaumenkompott gegessen.

Rheinpfalz
RHEINPFALZ

Eingelegte Zwetschgen

Eine spezielle Beilage zum Pfälzer Suppenfleisch sind eingelegte Zwetschgen. Die Neigung des Pfälzers zu Zwetschgen wird im Zusammenhang mit Zwetschgenkuchen, dem *Quetschekuche*, hervorgehoben. Im Bühlertal südlich von Baden-Baden wird das Gedeihen von Zwetschgen besonders herausgestellt. In der Pfalz reifen sie ebenso gut, nur spricht hier wegen der Fülle von Obst jeglicher Art niemand besonders darüber. Im handgeschriebenen Kochbuch meiner Großmutter fand ich für eingelegte Zwetschgen folgendes Rezept:

2 kg Zwetschgen, 1/2 kg Zucker, 3/4 Liter Weinessig, 1/2 Zimtstange, 2 Nelken, 1 Stückchen Zitronenschale

Die Zwetschgen werden halbiert, entsteint und in einen Steinzeugtopf gelegt. Zucker und Essig werden zum Kochen gebracht und heiß über die Zwetschgen gegossen. Am nächsten Tag gießt man den Saft ab, kocht ihn auf und gießt ihn wieder heiß über die Früchte. Am dritten Tag wird der Saft noch einmal aufgekocht, nun aber mit den Gewürzen, und erneut zu den Früchten gegeben. Nach dem Erkalten wird der Topf mit Pergament zugebunden und in einem dunklen und kühlen Raum abgestellt. Die eingelegten Zwetschgen stehen jetzt, solange der Vorrat reicht, als Beilage jederzeit zur Verfügung.

Eingemachtes Kalbfleisch

„Kalbfleisch ist Halbfleisch." Dieser Spruch gehört nicht zum pfälzischen Gemeingut. Er wird von einigen Dörfern überliefert, die ihn offenbar von jüdischen Mitbürgern übernommen haben. Darunter Nußdorf bei Landau, dessen Einwohner schon während der Bauernkriege eine besonders kraftvolle Rolle spielten. Schließlich wurde auch der „Nußdorfer Gruß" von Götz von Berlichingen übernommen. Als Fleisch im eigentlichen Sinn gilt in diesen Dörfern – dies allerdings stellvertretend für die ganze Pfalz – nur Fleisch von der Sau. Daher, so heißt es, wird da und dort eingemachtes Kalbfleisch selbst am Karfreitag gegessen. Sicher ist es aber, da ungewöhnlich, ein Festtagsmahl. Interessanterweise werden dazu bevorzugt Dampfnudeln mit salzigen Krusten gegessen.

1 kg Kalbsbug, 3 Liter kochendes Wasser, Petersilie, eine Zwiebel mit 2 Nelken und einem Lorbeerblatt besteckt, 1/2 ungespritzte Zitrone, 1/8 Liter Weißwein, 1/2 Eßlöffel Essig.
Für die Soße: 3 Eßlöffel Butter, 4 Eßlöffel Mehl, 1 Liter Kochbrühe, 1/2 Becher Sahne, 1–2 Eigelb, 1 Schuß Weißwein

Das Kalbfleisch wird mit dem kochenden, gesalzenen, mit allen übrigen Zutaten versehenen Wasser auf den Herd gestellt und ungefähr 1 1/4 Stunde gekocht. Aus Butter, Mehl und der Kochbrühe des Fleisches wird eine weiße Soße hergestellt. In diese Soße gibt man das in ziemlich große Stücke geschnittene Fleisch und läßt es noch ungefähr fünf Minuten darin dämpfen. Beim Anrichten mit der Sahne, dem Eigelb und einem Schuß Wein abrühren. Dazu grünen Salat und ein Glas kühlen weißen Burgunder servieren.

Englischer Stollen

Wieso englisch und nicht pfälzisch? Die Frage ist angesichts eines Pfälzer Kochbuchs berechtigt. Doch war und ist es bei sogenannten *bessere Leit* – nicht nur in der Pfalz, auch anderswo – üblich, bestimmte Dinge, auch Rezepte, durch fremde Prädikate wie „englisch" besonders interessant und vornehm zu machen – oder tatsächlich aus dem Englischen zu übernehmen. Dieses Rezept eines englischen Stollens stammt jedenfalls aus der Bibliothek des Kaiserslauterer Rechtsanwalts Basch. Dorthin gelangte es in der Handschrift der Frau des Zeichenlehrers und großartigen Mundartdichters Paul Münch, des Verfassers der „Pälzisch Weltgeschicht". Die Mutter des Anwalts Basch hatte es von Frau Münch – offenbar auf Wunsch – erhalten.

125 g Butter, 200 g Zucker, 2 Eier, 1/4 Liter Milch, 250 g Rosinen oder Sultaninen, 500 g Mehl, 1/2 Päckchen Backpulver, etwas Backfett, Puderzucker

Die Butter wird schaumig gerührt und mit dem Zucker, den zwei Eiern, der Milch sowie den Rosinen oder Sultaninen vermischt. Zunächst wird der größere Teil des Mehls mit dieser Mischung durcheinandergemengt, während der kleinere Teil mit dem Backpulver gemischt wird. Diese kleinere Masse wird schließlich unter die größere gehoben. Die daraus entstehende fertige Backmasse, die noch ziemlich feucht ist, wird sofort in eine gefettete Stollenform eingefüllt, etwa 70 Minuten bei 200° C gebacken und dann noch warm mit Puderzucker bestreut. – „Gutes Gelingen und herzlichen Gruß von Frau Münch", steht unter dem Rezept.

Fasan in Weinblättern

Der Fasan lebt auf dem Feld. In dem 30 bis 40 Kilometer breiten Streifen zwischen Rhein und den Haardtbergen bzw. den Höhenzügen der Vogesen dehnt sich der Obst- und Gemüsegarten der Pfalz, der in den Sommermonaten auch vom Duft reifender Tabakpflanzen erfüllt ist. Hier nisten die Fasanen besonders gerne. Es macht ihnen Spaß, sich in der üppigen Pflanzenwelt zu tummeln – nicht ahnend, daß die Jäger ihre Freude daran haben, im Spätjahr in diesen Gefilden auf Fasanenjagd zu gehen. Die Umhüllung der Vögel in der Pfanne mit Weinblättern ist landesüblich und wirkt überaus dekorativ.

2 Fasanen, Pfeffer, Salz, Thymian, Majoran, Knoblauch, 1 großer Boskop-Apfel, Speckscheiben zum Umhüllen, grüne Weinblätter, Butter zum Anbraten

Die ausgenommenen, gerupften Fasanen waschen, innen und außen pfeffern und salzen. Außerdem innen mit Thymian, Majoran und dem Knoblauch würzen. Zwei Scheiben des ungeschälten Boskop-Apfels in den Bauch stecken. Jeden Fasan nun in eine Speckscheibe wickeln, die gut gewaschenen grünen Weinblätter als äußere Hülle mit Bindfaden festbinden, in einer Pfanne mit Butter ringsum anbraten. Die Fasanen anschließend in einer Kasserolle im Backofen fertig braten. Mit Weinkraut, Kroketten oder Knödeln und einem Riesling oder weißen Burgunder servieren.

Federweißer

Der Federweiße ist kein Gericht bzw. Getränk, das man in der Küche herstellen kann. Aber es ist ausgeschlossen, einen kulinarischen Streifzug durch die Pfalz zu machen, ohne beim Federweißen anzuhalten. Es handelt sich beim Federweißen um ein Getränk, und zwar – das darf man mit Fug und Recht sagen – um ein umwerfendes Getränk in des Wortes doppelter Bedeutung. Bei seinen Liebhabern ist „umwerfend" ein Qualitätsbegriff, bei denen, die ihn noch nicht kennen, aber kennenlernen wollen, oft eine Zustandsbeschreibung.

Federweißer wird neuer, junger Wein in einem bestimmten Zustand genannt. Die Stufen, die dahin führen, heißen Süßmost – in Gaststätten oft schon als „neuer Wein" angepriesen –, „Bitzler", Most also, der gerade zu gären anfängt und deshalb auf der Zunge bitzelt oder kribbelt, und daraus entwickelt sich der Federweiße. Der Wein befindet sich hier im Endstadium des Gärens, fühlt sich, weil er noch arbeitet, im Glas oft warm an und duftet hefig. Seine Farbe ist milchig grün, eben federweiß. Es gibt Leute, die sich davor ekeln. Ihnen ist nicht zu helfen. Sie versäumen einen besonderen Genuß im Leben. Zugleich übrigens auch die Chance einer angenehmen Blutreinigungskur, denn Federweißer putzt, da er noch alle Wirkstoffe in sich hat, so richtig durch.

Landau feiert alljährlich im Oktober sein Federweißenfest. Dort kann man auf dem schönen umbauten Marktplatz die Federweißen-Freunde in allen Stadien bis tief in die Nacht hinein studieren. Die Pfälzer essen dazu von altersher landeseigene Kastanien: *Keschte*, geschlitzt und auf einem Blech über dem Feuer heiß gemacht. Inzwischen hat sich auch der Zwiebelkuchen, *Zwiwwelkuche*, eingebürgert, der ursprünglich aus dem Alemannischen kommt.

Pfälzer Fleischklöße

Fleeschknepp nennt der Pfälzer mit wäßrigem Mund die Fleischklöße. Bei jedem größeren Festessen erscheinen in Pfälzer Haushalten die *Fleeschknepp* als willkommenes und nie langweiliges Zwischengericht. Als Beilage zu ihnen kennt man eigentlich ausschließlich Meerrettich, sowohl frisch gerieben wie auch in Soßenform.

250 g Schweinefleisch,
250 g Rindfleisch und
250 g Kalbfleisch, 2 alte Brötchen,
2 Eier, Salz, Pfeffer, Muskat,
1 Bund frische Petersilie,
Fleischbrühe

Fleisch und Brötchen werden durch den Wolf gedreht. Eier, Gewürze und die fein gehackte Petersilie dazugeben. Die Masse wird zu einem glatten Teig verarbeitet. Danach läßt man sie eine Zeitlang in Ruhe liegen. Mit feuchten Händen eigroße Klöße formen und in siedender Fleischbrühe garen. Neben Meerrettichsoße wird dazu Weißbrot gereicht. Auch Salzkartoffeln sind möglich.

Forelle in Rotwein

„In einem Bächlein helle ...", so beginnt Franz Schuberts Lied von der Forelle. Wo es noch helle Bächlein gibt? In den Waldtälern der Pfalz zum Beispiel. Sie sind allerdings nicht so hell wie offenbar finnische Quellgewässer, wo Forellen gefangen und auf der Stelle als ungewöhnliche Delikatesse roh gegessen werden. Nach dem Motto, daß Fisch schwimmen muß, was natürlich zu reichlichem Trinken anregt, tun wir der Forelle gerne den doppelten Gefallen und setzen sie bereits in Rotwein an.

Pro Person 1 Forelle. Für den Sud: 1 Liter Rotwein (leichter Pfälzer Rotwein, kein Burgunder!), Salz, 10 Pfefferkörner, 6 Wacholderbeeren, 2 Lorbeerblätter, 1 Zwiebel, 1 ungespritzte Zitrone, Mehlbutter aus je 5 g Mehl und Butter, Salz und Gewürze nach Geschmack

Aus den Zutaten den Sud kochen und ungefähr zehn Minuten ziehen lassen. Die Forellen einlegen und fünfzehn Minuten sanft garen. Die Fische vorsichtig auf eine Platte legen und warmstellen. Den Sud auf die Hälfte einkochen lassen, mit Mehlbutter binden und kräftig würzen. Am besten schmecken dazu neue Kartoffeln. Auch wenn die Forelle in Rotwein gedünstet wurde, können Sie ohne weiteres einen klassischen Riesling dazu trinken. Ebenfalls hervorragend paßt ein Weißherbst, also ein hell gekelterter Spätburgunder dazu.

Franzosensuppe

Kein Wunder, daß bei der Nachbarschaft der Pfalz zu Frankreich, zum Elsaß, in vielen Pfälzer Kochbüchern eine „Franzosensuppe“ zu finden ist. Wiewohl diesseits der Grenze gerne, wie dieses Kochbuch lehrt, deftig und somit schwer gegessen wird, liebt man doch hin und wieder auch pikantere, leichtere Gerichte, wie sie von „drüben“ kommen. Natürlich bewundern auch die Pfälzer uneingeschränkt, wie alle Feinschmecker der Welt, die Suppen und Soßen der Franzosen. Diese Franzosensuppe, deren Hauptzutaten aus Gemüsen bestehen, kommt den Erzeugnissen aus den Pfälzer Gärten sehr entgegen und ißt sich besonders gut im Sommer.

1/2 Kopf Weißkraut, 4 gelbe Rüben (Karotten), 500 g Erbsen, 1 kleine Knolle Sellerie, 1 kleiner Blumenkohl, 1 Zwiebel, 1 Bund Petersilie, 2 Eßlöffel Butter, 1 1/2 Liter Fleischbrühe, kleingeschnittenes Suppenfleisch, Salz, Pfeffer, Muskatnuß

Alle Gemüse recht fein schneiden. Den Blumenkohl in kleine Röschen brechen. Die Butter erhitzen, die Gemüse sowie die grob gehackte Zwiebel und die Hälfte der Petersilie darin zehn Minuten anschmoren. Jetzt mit der heißen Fleischbrühe auffüllen und kräftig durchkochen. So man hat, das kleingeschnittene Suppenfleisch dazugeben. Mit Salz, Pfeffer und Muskat würzen und zum krönenden Abschluß den Rest der frisch gehackten Petersilie darüberstreuen. Dazu paßt am besten Franzosenbrot, d. h. Stangenweißbrot.

Früchtebrot

Auch dieses Rezept stammt wie das des Englischen Stollens aus dem Kochbuch der Familie des pfälzischen Heimatdichters Paul Münch aus Kaiserslautern. Da die Pfalz lange Zeit bayerisch gewesen ist, könnte das Rezept des Früchtebrots von bayerischen Freunden der Münchs übernommen worden sein. Tatsächlich trifft man diese Bäckerei in Hinterpfälzer Waldgegenden öfter an, weniger im vorderpfälzischen Wein- und Gartenland. Früchtebrot gibt es vor allem im Winter, um die Weihnachtszeit. Auch der Nikolaus zaubert es gerne am 6. Dezember aus seinem Geschenkesack hervor.

Je 125 g Butter und Zucker, 3 Eier, je 125 g Mandeln, Haselnüsse, getrocknete Feigen, Zitronat und Rosinen, etwas Zimt, 1/2 Päckchen Backpulver, 125 g Mehl, etwas Backfett

Butter schaumig rühren, Zucker und Eier unterarbeiten. Die ungeschälten, nur gespaltenen Mandeln, die gehackten Haselnüsse, die geviertelten Feigen, das zerkleinerte Zitronat, die Rosinen, ein wenig Zimt und das mit dem Backpulver versetzte Mehl werden gut gemischt hinzugegeben. Diese Masse wird in eine Kastenform gefüllt und bei mittlerer Hitze 40 bis 60 Minuten gebacken.

Gefüllte Kalbsbrust

Die gefüllte Kalbsbrust genießt in der Pfalz den Ruf, zu den feineren Gerichten zu gehören. Das Feinere ist in Relation zu dem in dieser Landschaft so sehr geliebten Deftigen zu sehen. Das heißt, im Prinzip hat das Deftige auch bei festlichen Anlässen den Vorzug. Im Rokoko hatte die gefüllte Kalbsbrust einen leidenschaftlichen Anhänger in der Person des Herzogs Karl August von Zweibrücken gefunden. Doch dem urdemokratischen Charakter des Pfälzers entspricht es, vielleicht gerade deshalb zwar von gefüllter Kalbsbrust mit Ehrfurcht zu reden, aber – etwas anderes zu essen.

2 – 3 abgeriebene, in Scheiben geschnittene alte Brötchen, 1 Tasse Milch, 1 Zwiebel, 1 Bund Petersilie, etwas Butter, Salz, Pfeffer, Muskat, 2 Eier. 1 1/2 kg Kalbsbrust (vom Metzger gleich eine Tasche hineinschneiden lassen), Salz, 50 g Butter, 1/4 Liter Fleischbrühe

Die Brötchen werden in der Milch eingeweicht. Die geschnittene Zwiebel und die fein gehackte Petersilie in Butter andämpfen. Die ausgedrückten Brötchen, Salz, Pfeffer und Muskat dazugeben und so lange rühren, bis sich die Masse vom Topfboden löst. Vom Herd nehmen, die Eier daruntermischen und bis zum Gebrauch kaltstellen. Die Kalbsbrust wird innen und außen leicht gesalzen, die Füllmasse in die Tasche eingefüllt und die Tasche zugenäht. Das Ganze wird in eine Kasserolle gelegt, mit brauner Butter übergossen und mit einem Viertelliter Brühe weich gebraten. Während des Bratens die Kalbsbrust mehrmals mit der Brühe beträufeln. Am besten paßt als Beilage Kartoffelsalat dazu und ein kühler Weißwein oder Weißherbst.

Gefüllter Kranz

„Ich will kän Kranz, wann ich gschtorwe bin, liewer än Kranzkuche." Für so derbe Scherze sind die Pfälzer immer gut. Auf der anderen Seite ist der Wunsch verständlich; schon die alten Ägypter gaben ihren Toten Nahrung mit ins Grab. Man unterscheidet einen ganz einfachen Hefekranz, den die Pfälzer gerne in den Kaffee tunken, und den gefüllten Kranz, der gewollt protzig ist und durch eine Fülle von Zutaten rasch Freunde für sich gewinnt.

Hefeteig wie beim Zwetschgenkuchen (Rezept S. 192).
Für die Füllung: 4 Eiweiß, 250 g geriebene Haselnüsse, 200 g Zucker, 1 Päckchen Vanillezucker, 1 Schuß Dosenmilch, 50 g flüssige Butter

Hefeteig bereiten und, während der Vorteig geht, die Eiweiß zu leichtem Schnee schlagen. Die geriebenen Haselnüsse, Zucker, Vanillezucker und Dosenmilch dazugeben, so daß eine geschmeidige, streichfähige Masse entsteht. Nun rollt man den Hefeteig zu einem Quadrat aus und bestreicht ihn zuerst mit flüssiger Butter und dann mit der Haselnußmasse. Der bestrichene Teig wird aufgerollt und dabei beständig mit flüssiger Butter bepinselt. Die fertige Rolle in eine gut ausgebutterte Kranzform legen. Dreißig Minuten gehen lassen. Bevor man den Kuchen in den vorgeheizten Backofen stellt, ihn mehrmals an der Oberfläche mit einem Zahnstocher einstechen.

Gesundheitskuchen

Im Mittelpunkt einer Kindtaufe oder eines Geburtstagsfestes steht in der Pfalz oftmals der sogenannte Gesundheitskuchen. Wie sein Name schon sagt, verbindet sich mit seinem Genuß der Glaube an die Herbeiführung und Erhaltung guter Gesundheit. Insofern ist er sozusagen als Spezial- und Festtagsnahrung in erster Linie für das Festtagskind gedacht. Doch für diejenigen, die das Fest mitfeiern, gilt er auch als Quell gesundheiterhaltender Kräfte – zum mindesten wirkt er nicht schädlich.

250 g Butter, 200 g Zucker, 6 Eier (getrennt in Eigelb und Eiweiß), 2 Päckchen Vanillezucker, 1 Päckchen Backpulver, 50 g Stärkemehl, 450 g Mehl, 1 Tasse lauwarme Milch, etwas Butter, eine Handvoll Mandeln

Butter, Zucker, Eigelb und Vanillezucker schaumig rühren. Das mit Backpulver und Stärkemehl vermischte Mehl und die Milch dazugeben. Das steifgeschlagene Eiweiß unterziehen. Eine Bundkuchenform gut ausbuttern, auf den Boden der Form die Mandeln legen, den Teig einfüllen und eine Stunde lang im vorgeheizten Backofen bei 200° C backen.

Gewürztraminer-Jus

Zu den äußerst pikanten Beilagen vornehmlich von Wildpasteten gehört ein Jus. Es verleiht der Hauptspeise die oftmals erwünschte weniger deftige als vielmehr – wenn der Ausdruck erlaubt ist – elegante Würze. Unter einem Jus ist etwas Geliertes zu verstehen. Das heißt, der Grundstoff ist eine Flüssigkeit, in diesem Fall ein Wein aus der Gewürztraminertraube, die mit einigen Kunstgriffen zu einer sülzeähnlichen Konsistenz findet. Probieren geht auch in diesem Fall über Studieren!

12 Blatt Gelatine, 1/2 Liter Flüssigkeit zu gleichen Teilen bestehend aus: kräftiger Fleisch- oder Hühnerbrühe, Weinbrand und Wein aus der Gewürztraminertraube, Salz, Zucker, 2 Eiweiß

Die Gelatine einweichen. Die Flüssigkeit, bestehend aus der Fleisch- oder Hühnerbrühe, dem Weinbrand und dem Gewürztraminer, erhitzen. Mit Salz und Zucker sehr gut abschmekken. Die ausgedrückte Gelatine dazugeben, ebenso die beiden Eiweiß zum Klären. Aufkochen. Diese Flüssigkeit läßt man nun durch ein Filterpapier in eine möglichst großflächige Auflaufform laufen und erstarren. Nach dem Erstarren wird sie in kleine Würfel geschnitten und zur Wildpastete, z. B. zu der in diesem Buch enthaltenen Hasenpastete (siehe Rezept Seite 98), serviert.

Edenkobener

Gockel in Wein

Nichts liegt näher als die Vermutung, das Rezept für den Gockel in Wein, den Hahn in Wein, stamme gewiß aus dem benachbarten Elsaß. Ist doch der *coq au vin* heute weltbekannt. Aber ohne den Elsässern oder Franzosen, den Meistern in der Küche, am Zeug flicken zu wollen, hat sicher die Behauptung etwas für sich, daß überall, wo Wein wächst, irgendwann irgend jemand den Einfall hatte, Hähnchen in Wein zu kochen. Riesling, Silvaner und auch Müller-Thurgau sind dazu bestens geeignet. Breite Nudeln schmecken dazu interessanter als Reis.

2 frische Hähnchen, Salz, Pfeffer, Butter zum Anbraten, 200 g Champignons, 1 Glas Silberzwiebeln, 1/4 Liter Weißwein, 1/4 Liter Sahne, evtl. etwas Mehl

Die Hähnchen vierteln, salzen, pfeffern und in heißer Butter gut anbraten. Die geschnittenen Champignons und die abgetropften Silberzwiebeln dazugeben, anschmoren. Mit dem Wein ablöschen und 30 Minuten dünsten. Das Hähnchen herausnehmen und warmstellen. Den Bratensatz mit einem Holzlöffel vom Boden lösen, die Sahne dazugeben, evtl. mit etwas Mehl binden. Mit Wein, Salz und Pfeffer noch einmal kräftig würzen. Den Gockel in einer Schüssel mit dieser Soße übergießen und auftragen.

Grießklöße mit Heidelbeerkompott

Während sich früher die wohlhabenderen Leute Fische kaufen konnten, mußten sich diejenigen, deren Haushaltsgeld schmal bemessen war, nach einer anderen Freitagsspeise umsehen. Heute ist das alles ausgeglichener. Und wer nimmt schon Rücksicht auf Freitagsregeln? Grießklöße mit Heidelbeerkompott konnte und kann sich jeder leisten. *Grießknepp un Heidelbeere* sagt der Pfälzer dazu, und wenn er einst besonders sparsam war, ging er selbst in den Wald, um die Heidelbeeren eigenhändig zu pflücken. Das ist ungeheuer mühsam, und es dauert entsetzlich lange, bis man ein nennenswertes Quantum zusammen hat. Allein der Gedanke an die Freude zu Hause vermag den Heidelbeerpflücker zu beflügeln.

1 Liter Milch, 2 Eßlöffel Zucker,
1 Prise Salz, 250 g Grieß, 2 Eier,
100 g Butter, Weckmehl

Die Milch wird mit dem Zucker und der Prise Salz zum Kochen gebracht, der Grieß langsam eingerührt und dick gekocht. Den Topf vom Herd nehmen und die verquirlten Eier darunterrühren. Nun sticht man mit dem in heiße Butter getauchten Eßlöffel längliche Klöße ab, die man nebeneinander in eine heiße Platte setzt. Zuletzt werden die fertigen Klöße mit in der restlichen Butter geröstetem Weckmehl geschmälzt. Dazu wird Heidelbeerkompott und, wenn man will, noch Zucker und Zimt gereicht.

Grüne Nüsse

In der Pfalz grünt so mancher Nußbaum nicht direkt vor dem Haus, aber in der Ortsgemarkung. Nußbäume und -büsche – übrigens Walnüsse wie Haselnüsse – gehören zum Landschaftsbild. Hier ist aber nur von Walnüssen die Rede, und zwar von Walnüssen samt ihrer äußeren grünen Schale. Sie werden also in ziemlich jungem Zustand geerntet und dann zu ihrer eigenen höheren Ehre wie zum Genuß ihrer Liebhaber in besonderer Weise mit Zucker und vielleicht auch zusätzlich noch mit Alkohol präpariert.

500 g grüne Nüsse, Ende Juni, Anfang Juli gepflückt, 500 g Zucker. Zusätzlich evtl. noch Branntwein

Man legt die Nüsse in viel kaltes Wasser und durchsticht sie unter Wasser öfter mit einer langen Nadel. Neun Tage bleiben die Nüsse im Wasser liegen, doch muß dies täglich ein- bis zweimal erneuert werden. Dann übergießt man sie mit kochendem Wasser und läßt es ablaufen. Inzwischen kocht man ein Pfund Zucker mit einem Viertelliter Wasser auf schwacher Hitze, bis sich der Zucker aufgelöst hat. Dann darf die Flüssigkeit tüchtig gekocht werden, bis sie klar ist bzw. Fäden zieht. Dazu gibt man nun die Nüsse und kocht sie, bis sie schwarz und weich sind. Mit einem Silberlöffel werden sie nun in ein Glas oder einen Steinguttopf gelegt, und man gießt den dick gekochten Zucker darüber. Nach dem Erkalten zubinden. Will man die Nüsse alkoholisch, gießt man den Saft ab, vermischt ihn mit halbsoviel Branntwein und gibt ihn wieder über die Früchte. Nach zwei Jahren haben die Nüsse geschmacklich ihren Höhepunkt erreicht.

Grünkernsuppe mit Markklößchen

Im Reigen der vielen Suppen nimmt bei den Pfälzern die Grünkernsuppe mit Markklößchen eine Spitzenstellung ein. Je gehaltvoller die Suppen, um so beliebter. Die Verbindung der sämigen, aus Grünkernmehl hergestellten Brühe mit den aus Knochenmark und entsprechenden Bindemitteln geformten Kugeln vermittelt den Pfälzern einen festtäglichen Gaumenkitzel. Deshalb kein pfälzisches Fest- und Feiertagsessen ohne die geliebte Grünkernsuppe mit Markklößchen.

Zur Suppe: 60 g Grünkernmehl, 2 Eßlöffel Butter, 1 1/4 Liter Fleischbrühe, Salz, Pfeffer, Muskat, 2 Eigelb, 3 Eßlöffel Sahne.
Für die Markklößchen:
3 Markknochen, 1 Brötchen, etwas Wasser, 1 Eigelb, 1 Bund Petersilie, 1/2 Eßlöffel Grieß, Weckmehl, Salz

Das Grünkernmehl in der heißen Butter bräunen. Mit der heißen Fleischbrühe ablöschen und zehn Minuten leise köcheln lassen. Die Grünkernsuppe mit Salz, Pfeffer und Muskat kräftig abwürzen. Die Eigelb mit der Sahne verquirlen und vor dem Servieren die Suppe damit verfeinern.

Das Mark von den Markknochen klein schneiden, in ein Pfännchen geben und auslassen. Das flüssige Mark über das eingeweichte, ausgedrückte Brötchen durch ein Sieb laufen lassen. Jetzt bleibt diese Mischung eine Viertelstunde stehen. Das Eigelb, die fein gehackte Petersilie, den Grieß und so viel Weckmehl dazugeben, wie die Masse aufnimmt, salzen. Kleine Klößchen formen. Ein Probeklößchen in der Suppe gar ziehen lassen. Verfällt dieses, zu der Masse noch etwas Weckmehl geben.

Handkäs' hausgemacht

Wie Hausmacher Wurst, ißt der Pfälzer mit Vorliebe hausgemachten Handkäse. Im Maiblumenwald nahe den Dörfern Ober- und Niederlustadt, unweit von Speyer und Germersheim, wird alljährlich um den 1. Mai das *Loschter Handkäsfescht* gefeiert, wo von Bauersfrauen selbstgemachter Handkäse feilgeboten wird.

1 Liter kuhfrische Milch, Salz.
3 Eßlöffel Wein, 2 Eßlöffel Essig,
3 Eßlöffel Öl, 1 große Zwiebel

Die kuhwarme Milch an wohltemperiertem Ort abstellen und so lange sauer werden lassen, bis sie eine feste Konsistenz erreicht hat. Diese Substanz wird in ein mit Nesseltuch ausgeschlagenes Sieb geschüttet, damit die Molke abtropft. Die zurückbleibende Käsemasse wird in einer Schüssel nach Geschmack mit Salz und evtl. Kümmel gewürzt. Daraus werden frikadellengroße Käselaibchen geformt, auf ein Brett zum Trocknen gesetzt und in einem warmen Raum abgestellt. Nach 3 – 4 Tagen werden sie, mit Molke oder Wein angefeuchtet, in einen Steinguttopf geschichtet und mit einem wein- oder molkengetränkten Nesseltuch abgedeckt. Der Topf wird mit Pergamentpapier verschlossen. Das Abdecktuch muß alle 2 – 3 Tage frisch befeuchtet werden, bis die Handkäse reif sind.

So die überlieferte Herstellung.

Heute kaufen die Hausfrauen auf dem Markt oder im Geschäft fertige Bauernhandkäse. Jetzt kommt die „Musik" dazu. Sie besteht für vier Handkäse aus 3 Eßlöffeln Wein, 2 Eßlöffeln Essig, 3 Eßlöffeln Öl und einer großen, fein geschnittenen Zwiebel. Diese „Musik" wird über die in einem irdenen Topf gelagerten Handkäse gegossen. Intensiver Duft verkündet nach 2 – 3 Tagen, daß die Handkäse „durch" sind.

Pfälzer
Handkäs

Hase im Topf

In der Mundart heißt dieses Gericht *Dippehas*. Es hat gegenüber dem Hasenbraten, den alle Welt kennt, den Vorzug, den Hasen saftig zu machen. Früher wurden zur Zubereitung gußeiserne *Dippe*, Töpfe bevorzugt, heute werden auch irdene Gefäße, sogenannte Römertöpfe dafür verwendet. Jedenfalls quittiert der Pfälzer eine Einladung zum *Dippehas* mit einem Zungenschnalzer, weil er weiß, daß ihm die Hausfrau etwas Ungewöhnliches bieten will.

500 g frischer Schweinebauch, 3 Eßlöffel Öl, 1 Eßlöffel Butter, 5 Zwiebeln, 2 Zehen Knoblauch, 1 Hase bratfertig in 8 – 12 Teile zerlegt, Pfeffer, Salz, 1 Liter Rotwein, 1 Tasse Hasenblut (kann weggelassen werden), 125 g Schwarzbrot, 3 Lorbeerblätter, 8 – 10 Wacholderbeeren, 2 Gewürznelken

Den gewürfelten Schweinebauch in Öl und Butter anbraten. Die grob geschnittenen Zwiebeln und die zerdrückten Knoblauchzehen zugeben. Die gepfefferten und gesalzenen Hasenteile mitbraten. Mit dem Rotwein und dem Blut ablöschen. Das Schwarzbrot zerbröseln, mit den Gewürzen mischen und in den Topf geben, einmal aufkochen lassen. Den Topf gut verschließen und in vorgeheiztem Backofen 1 1/2 Stunden schmoren lassen. Dazu passen am besten gekochte Kartoffelklöße, in der Pfalz „Schneebällchen“ genannt, und ein Glas Rotwein.

Hasenpastete à la Slevogt

Dieses Rezept wurde von der Köchin Berta, die bei Max Slevogt in Diensten stand, aufgezeichnet. Der geborene Landshuter, neben Max Liebermann und Lovis Corinth großer deutscher Impressionist, verbrachte mit seiner Familie stets die Sommermonate in der Pfalz.

2 Hasenziemer, etwas Öl,
2 Hasenschlegel,
1 1/2 kg Schweinebauch,
6 Schalotten, Petersilie, 2 große Eier,
Salz, Pfeffer,
2 Eßlöffel Pastetengewürz,
ca. 500 g tiefgefrorener Blätterteig,
1 frische oder tiefgefrorene Gänseleber, 3/4 Liter sehr konzentrierte Fleischbrühe aus Rindfleisch und Kalbsfüßen gekocht

Die Hasenziemer werden von den Knochen gelöst, in etwas Öl eingelegt und auf die Seite gestellt. Die Schlegel werden ebenfalls vom Knochen gelöst und mit dem Schweinebauch, den Schalotten und der Petersilie durch die feine Scheibe des Fleischwolfs gedreht. Zu diesem Teig gibt man die zwei Eier, knetet ihn durch und würzt ihn mit Salz, Pfeffer und Pastetengewürz nach Gusto. Zwei Drittel des nach Vorschrift aufgetauten Blätterteigs ausrollen, den Boden und die Seiten einer Pastetenform damit auslegen. Den Fleischteig zur Hälfte einfüllen. Darauf die abgetupften Hasenziemer und die in Scheiben geschnittene Gänseleber legen. Den restlichen Fleischteig einfüllen und die Pastete mit dem restlichen Blätterteig verschließen. In die Mitte des Teigdeckels ein kleines Loch schneiden, durch das die Fleischbrühe gegossen wird. Im Backofen bei 230° C ca. eine bis eineinhalb Stunden backen. Ein Glas Portugieser oder Spätburgunder dazu reichen.

Hausmacher Wurst und Quellkartoffeln

„Ohne Worscht kän Dorscht", lautet eine alte Pfälzer Faustregel. Eine Übersetzung ins Hochdeutsche erübrigt sich. Wortsinn und Spruchsinn sind auch für den, der die Pfälzer Mundart nicht beherrscht, klar verständlich.

Ein Pfälzer ohne Durst ist nicht denkbar. Er wäre keiner, hätte er keinen Durst. Da aber, um bei der zitierten Faustregel zu bleiben, Wurst erst Durst macht, wird jedermann verstehen, welch hoher Stellenwert in der Pfalz eben gerade der Wurst zukommt. Der Genuß von Wurst und Wein ist elementarer Ausdruck gesteigerten Lebensgefühls in der Pfalz, eines Zustandes, den die Pfälzer nur allzu gerne ständig zu erhalten trachten.

Die höchsten Glückseligkeiten vermittelt dem Pfälzer die sogenannte Hausmacher Wurst. Dazu gehören vor allem Leber- und Griebenwurst sowie der Schwartenmagen. „Hausmacher" weckt liebliche Erinnerungen an des Pfälzers „heiliges" Fest, eine Hausschlachtung. Dabei sind diese drei genannten, überaus würzigen Hausmacher Wurstsorten entstanden. Auch im Metzgerladen ist der Pfälzer gewöhnt, „Hausmacher" zu verlangen.

Besonders Leber- und Griebenwurst, so frisch wie möglich, vermitteln mit Quell- bzw. Pellkartoffeln einer Pfälzer Zunge himmlische Genüsse. Auch, statt Kartoffeln, mit frischem Bauernbrot. Nur: dem Pfälzer dreht sich der Magen um, wenn einer „seine Hausmacher" mit Butterunterlage zu entweihen trachtet. Wer das versucht, wird bestimmt nicht mehr eingeladen!

Hecht in Riesling

Der Fischfang im Rhein hat unter Abwässern stark gelitten. Doch gibt es in Nebengewässern wie Altrheinarmen oder Baggerseen noch so viele Hechte, daß Hecht in Riesling noch immer zu den Fischgerichten gehört, die für die Pfalz typisch sind. Der gängige Spruch vom Benehmen „wie ein Hecht im Karpfenteich" deutet vielleicht sogar auf eine gewisse Ähnlichkeit im Naturell des Fisches und der Pfälzer hin.

Alufolie, 1 großer Hecht, Pfeffer und Salz, 2 gelbe Rüben (Karotten), 1 große Stange Lauch, 1/2 Sellerieknolle, 1 Bund Petersilie, 2 – 3 Eßlöffel Butter, 1/2 Tasse Weißwein.
Für die Soße: 250 g Butter, 2 Eßlöffel Mehl, 1 Tasse Weißwein, 1/2 Becher Sahne, Salz und Pfeffer, 1 Schale frische Champignons, den Fischfond

Die Folie muß so groß sein, daß der ganze Fisch darin gut eingepackt werden kann. Den Fisch waschen, innen und außen pfeffern und salzen, auf die Folie legen. Das Gemüse in feinste Streifen schneiden und mit der gehackten Petersilie auf den Fisch geben. Die zwei Eßlöffel Butter in Flöckchen auf den Fisch und das Gemüse legen, den Wein darübergießen, die Folie schließen und dieses Paket ca. eine Stunde in den auf 175°C vorgeheizten Ofen legen.
In der Zwischenzeit wird die Soße bereitet: Die zerlassene Butter mit zwei Eßlöffeln Mehl sehr stark schlagen. Die Tasse Wein dazugeben. Auf kleinster Flamme unter Rühren ausquellen lassen. Mit Sahne binden, salzen und pfeffern. Die frischen, klein gehackten Champignons dazugeben. Den Fisch vorsichtig aus der Folie nehmen und den Fischfond zur Soße geben. Dazu neue Kartoffeln oder breite Nudeln.

Hainfeld a.d.
Weinstraße

Herzpfeffer mit Dampfnudeln

Dies ist das klassische Pfälzer Viehstrichgericht. Der Viehstrich hieß ein Weg von Speyer bis Neustadt, entlang dem *Pefferminzbähnel.* Das Bähnel war eine Schmalspurbahn, die gemächlich Gemüse, Obst und Pfefferminze aus dem *Gäu* – so heißt im Dialekt der fruchtbare Landstrich zwischen Rhein und Haardtgebirge – nach Neustadt brachte. Über den Viehstrich trieben die *Gäu*-Bauern ihr Vieh zum Viehmarkt nach Neustadt. *Pefferminzbähnel* und Viehstrich gehören längst vergangenen Zeiten an. Fortgeerbt wurde das Gericht, das die Viehtreiber gerne in den Wirtschaften am Wege zu sich nahmen: Herzpfeffer mit Dampfnudeln.

2 Liter Wasser, Suppengrün,
1 Zwiebel, 2 Zehen Knoblauch, pro Person 1 Schweineherz,
1/2 Schweinezunge und
200 g Schweinekamm ohne Knochen.
5 Eßlöffel Mehl, 1 Eßlöffel Butter,
1/2 Liter Blut (vom Metzger),
Pfeffer, Salz, Muskat und Koriander

2 Liter Wasser mit Suppengrün, Zwiebel und dem Knoblauch ungefähr eine Stunde kochen lassen. Zu diesem Sud werden das Herz, die Zunge und der Schweinekamm eingelegt und gekocht, bis sie weich sind. Das Fleisch erkalten lassen, die Brühe entfetten. Aus 2 Eßlöffeln Mehl, 1 Eßlöffel Butter und einem Teil der Brühe eine leichte Einbrenne herstellen. Das Blut (zur Not geht es auch ohne!) kalt mit 3 Eßlöffeln Mehl aufquirlen und in die kochende Einbrenne geben. Mit Pfeffer, Salz, Muskat und Koriander würzen und das Fleisch – in mundgerechte Stücke zerteilt – dazugeben. Dazu werden Dampfnudeln gegessen (s. Rezept S. 58).

Kalbsnierenbraten

So ein schöner runder Kalbsnierenbraten bringt Abwechslung in die Pfälzer Küche, die bekanntlich in ihren Gerichten stark auf Schwein ausgerichtet ist. Kalbfleisch ist in jedem Fall etwas Feineres und wird deshalb in der Regel zu „besseren" Anläßen zubereitet. Und die Nieren, die für sich allein nicht jedermanns Sache sind, werden durch die edle Fleischverpackung zugänglicher, um nicht zu sagen, in der Kombination mit dem Fleischmantel zu einer ausgesprochenen Köstlichkeit. Dazu sind hausgemachte breite Nudeln und ein frischer Salat oder auch Kartoffelsalat eigentlich unentbehrlich.

1 1/2 kg Kalbfleisch mit Nieren, Salz, Pfeffer, 1/4 Liter Fleischbrühe, 1 gelbe Rübe (Karotte), 1 Stückchen Sellerie, 1 Zwiebel, 80 g Butterschmalz, 1 Becher Sahne

Das entbeinte Nierenstück mit Salz und Pfeffer würzen. Die der Länge nach geteilte und gewaschene Niere so darauflegen, daß die ganze Fleischlänge mit Niere bedeckt ist. Rollen und mit Bindfaden umwickeln, so daß die Niere ganz im Fleisch steckt. Das Fleisch nun in einen Bräter geben, die Fleischbrühe, das Gemüse, die Zwiebel und das Butterschmalz dazu und ungefähr zwei Stunden im Rohr braten. Das Fleisch herausnehmen und warmstellen. Die Soße durchpassieren und mit der Sahne binden.

Pfälzer Kartoffelsuppe

Alle Kartoffelgerichte ißt der Pfälzer mit Vorliebe. Einen bevorzugten Platz nimmt dabei die Kartoffelsuppe, die *Grumbeeresupp* ein. In ihrer Konsistenz ist Pfälzer Kartoffelsuppe so „steif“, in ihrer Zusammensetzung so reichhaltig, daß sie durchaus auch als Eintopfgericht bestehen kann. Als landesgebundene Spezialität wird die Kombination von Kartoffelsuppe mit Zwetschgenkuchen gerühmt. „Grumbeeresupp un Quetschekuche“ heißt ein von Kurt Dehn gesungenes Lied, das diesem Gericht eine Art poetischer Verklärung angedeihen läßt.

15 mittelgroße Kartoffeln, 1 große Zwiebel, 1 kleine Knolle Sellerie, 2 Karotten, 2 Stengel Lauch, 175 g Butter, 1 1/2 Liter Fleischbrühe (besser echte als Würfel), 1 Becher süße Sahne, Pfeffer, Salz, Majoran

Die Kartoffeln und das Gemüse werden gewaschen, geputzt, geschnitten und mit der Butter in einem Topf weichgedämpft. Sodann verkocht man diese Masse mit einem reichlichen Liter Fleischbrühe eine halbe Stunde lang und streicht sie durch ein Sieb. Jetzt fügt man den Rest der Brühe hinzu, schüttet die Sahne darauf, pfeffert und salzt und schmeckt kräftig mit Majoran ab.

Käsekuchen

Die Pfälzer essen nicht nur mit Wonne weißen Käs' und Handkäs', sondern lieben auch ebenso sehr Käskuchen. Er gehört bei festlichen Anlässen unbedingt zu einem Kuchensortiment, das in seiner Vielgestaltigkeit seinesgleichen sucht. Es ist Landessitte, daß ein Haus, in dem beispielsweise eine Erste Kommunion gefeiert wird, die Nachbarn mit Körbchen voll Versucherlen erfreut. Käskuchen nimmt dabei eine besondere Position ein, vor allem wenn er – man höre und staune – bodenlos ist.

1 kg Magerquark, 6 Eier, 300 g Zucker, 2 Päckchen Vanillepuddingpulver. Butter und Semmelbrösel für die Form

Käse, Eigelb, Zucker und Puddingpulver gut verrühren und die sehr steif geschlagenen Eiweiß unterziehen. Diese Masse in eine gut ausgebutterte und mit den Semmelbröseln ausgestreute Springform füllen. Eine Stunde bei mittlerer Hitze backen. Den Kuchen aus dem Ofen nehmen, 5 – 10 Minuten stehen lassen. Danach vorsichtig vom Rand lösen und zum Auskühlen auf einen Kuchendraht stürzen, so daß der Kuchen bis zum Erkalten auf dem Gesicht liegt. Zum Servieren wird er selbstverständlich umgedreht. Jeder wird staunen und feststellen: bodenlos!

Kastaniengemüse

Jeder sollte in der Schule gelernt haben, daß die Pfalz, vor allem die Südpfalz, das mildeste Klima Deutschlands, ja, im Sommer wahrhaft südländische Temperaturen hat. Demnach ist diese Gegend auch mit südländischer Vegetation gesegnet. Hier reifen Feigen, Aprikosen, Mandeln, sogar Zitronen im Park von Gleisweiler, und Kastanien. *Keschte* sagen die Einheimischen. König Ludwig I. von Bayern hat in der Pfalz, in der damals bayerischen Rheinprovinz, bei Edenkoben ein königliches Sommerschloß im klassizistischen Stil errichten lassen, das heute den Nachlaß des Malers Max Slevogt beherbergt. König Ludwig nannte die Gegend um das Schloß Ludwigshöhe „die schönste Bannmeile" seines Königreiches. Es wird erzählt, er habe die Pflanzung von Edelkastanien besonders gefördert. Heute werden sie sackweise in den Wäldern der Haardt gesammelt. Die Pfälzer gehen, wie „in die Heidelbeere" so auch „in die Keschte".

1 kg Kastanien, ein bis zwei Brühwürfel, 3/4 Liter Wasser, 2 große Zwiebeln, 125 g Butter, 2 Eßlöffel Zucker, Salz

Die Kastanien mit den kreuzweise eingeschnittenen braunen Schalen 20 Minuten in Salzwasser kochen. Kalt abschrecken und sofort schälen. Sehr vorsichtig muß auch die dünne braune Haut der Kastanien abgeschält werden. Aus den Brühwürfeln dreiviertel Liter Brühe bereiten und die Kastanien damit im offenen Topf auf kleine Flamme stellen. In der Zwischenzeit in einer Pfanne die feingehackten Zwiebeln in der Butter glasig dünsten, den Zucker dazugeben, salzen. Dieses Butter-Zwiebel-Zuckergemisch über die Kastanien schütten und sehr vorsichtig durchrühren. Das Gemüse schmeckt natürlich am besten zur Weihnachtsgans, aber auch zu anderen Braten.

Kerbelsuppe

Die klassische Suppe am Gründonnerstag in der Pfalz – und nicht nur dort – ist die Kerbelsuppe. Ihr etwas eigenartig herber Geschmack, von Kennern gesucht, bringt die richtige Einstimmung auf die dem Gründonnerstag unmittelbar folgende Passion des Karfreitags. Kinder essen sie oft nicht so gerne, aber erst einmal von Jugend an mit ihrer Existenz vertraut, hat im reifen Alter so mancher zu ihr zurückgefunden.

50 g Butter, 90 g Grünkernmehl, 1 1/2 Liter gute Fleischbrühe, Pfeffer, Salz, ein Hauch Muskat, 2 Handvoll frischer Kerbel, 1 Becher Rahm, als Beilage geröstete Semmelbrösel

Aus Butter und Grünkernmehl eine helle Einbrenne herstellen. Mit der Fleischbrühe auffüllen, mit Pfeffer, Salz, Muskat würzen und 15 Minuten kochen lassen. Den gewaschenen und fein gewiegten Kerbel dazugeben. Einmal kurz aufkochen, anschließend den Rahm hinzufügen, nicht mehr kochen lassen, sondern gleich mit den Semmelbröseln servieren.

Muskat

Kräuterfisch

Der Pfalz fehlt ein großes, stehendes Gewässer, ein See. Trotzdem gab es nie Mangel an Fischen. Denn die dem Rhein zustrebenden Bäche waren vor dem Zeitalter der Gewässerverunreinigung reich an Forellen, die von manchen Lausbuben sogar mit der Hand gefangen wurden. Der Rhein selbst und die verzweigten Altrheinarme lieferten Hechte, Aale, Schleien und ebenso hochqualifizierte wie teure Salme. Aber – das war einmal. Die Industrie entlang dem Strom, von Basel bis zur deutsch-holländischen Grenze, brachte zwar Wohlstand, doch um den Preis eines großen Fischesterbens. Der Kräuterfisch muß deshalb heute aus Fischfilets der Nordsee bereitet werden, was dem gewünschten Geschmack keinen Abbruch tun muß.

1 1/4 kg Fischfilet, Salz, Pfeffer, 1 Zitrone, Streuwürze, 1/4 Liter Weißwein (möglichst herber Riesling), 1 Becher süße Sahne, 5 gelbe Rüben (Karotten), 1/2 Kopf Sellerie, 3 Stengel Lauch, 3 mittelgroße Zwiebeln, 30 g Butter, 250 g Dörrfleisch, 1 Bund Petersilie

Das Fischfilet waschen, abtupfen und in eine flache Auflaufform legen. Salzen, pfeffern, mit der Zitrone beträufeln, mit Streuwürze würzen und den Wein zugeben. Der Fisch muß bedeckt sein. So bleibt er zum Durchziehen 1 – 2 Stunden stehen. In der Zwischenzeit schneidet man die Gemüse und die Zwiebeln so fein wie möglich und dünstet sie in Butter an. Das angedünstete Gemüse wird nun über den Fisch gebreitet. Das Dörrfleisch (Räucherspeck) schneidet man in feine Streifen und legt sie gitterförmig über den Fisch. Eine Dreiviertelstunde schmort das Ganze im vorgeheizten Backofen. Mit feingehackter Petersilie bestreuen und Salzkartoffeln dazu servieren. Ein herber Pfälzer Weißwein, gut gekühlt, paßt am besten dazu.

Kunst-Topffleisch

„Kunst-Topffleisch“ ist eine eigenmächtige Übersetzung, um dem hochdeutschen Titelverzeichnis der Gerichte gerecht zu werden. Die Pfälzer sprechen ausschließlich von *Kunschthäwelfleesch*. Aus dieser Bezeichnung geht hervor, daß bei der Zubereitung des Fleisches ein künstliches Gefäß eine Rolle spielt. Dieses wurde einst aus Pergament geformt. Heute nimmt man dazu eine Bratfolie. Das Gericht hat den Vorteil, daß es daheim auf dem Herd vor sich hin kochen kann, während die ländliche Familie der Arbeit auf dem Feld nachgeht.

2 kg rohe, ungeschälte Kartoffeln,
1 – 1 1/4 kg magerer, gesalzener
Bauchlappen mit Schwarte,
2 mittelgroße Zwiebeln,
1 Lorbeerblatt, 2 – 3 Nelken,
1/2 Liter Weißwein

Die Kartoffeln wie für Pellkartoffeln mit Wasser in einen Topf geben. Die Schwarte des Schweinebauchs wird in Abständen von 2 cm tief eingeschnitten. In diese eingeschnittenen Rillen steckt man nun abwechselnd eine Scheibe Zwiebel, eine Nelke und wieder eine Scheibe Zwiebel, ein Stückchen Lorbeerblatt und so fort. Das so präparierte Fleischstück legt man in die Bratfolie, gießt den Wein dazu, verschließt die Bratfolie und legt dieses gefüllte *Kunschthäwel* auf die rohen Kartoffeln. Man schließt den Topf und stellt ihn 2 – 2 1/2 Stunden bei mittlerer Hitze auf den Herd. Fleisch aus der Folie nehmen, in Scheiben schneiden und mit den geschälten Kartoffeln servieren.

Lauchkuchen

Der Lauchkuchen ist keine Süßspeise. Er ist von herber Natur und deshalb die richtige Beigabe zu einer weinfrohen Runde. Eine solche Runde beschränkt sich nicht auf männliche Besetzung. Auch das weibliche Geschlecht hat, erst recht im Zeitalter der Emanzipation, seine Freude an derartigen Genüssen. Lauchkuchen bringt jeglichen ausgereiften Wein erst so recht zur Geltung und animiert zum weiteren Trinken. Insofern ist seine Funktion ähnlich der des Zwiebelkuchens, den man heutzutage überall zu neuem Wein bekommt.

Für den Teig: 250 g Mehl, 125 g Butter, eine Prise Salz, eine Prise Zucker, 1 Eßlöffel kaltes Wasser, etwas Butter.
Für den Belag:
300 g durchwachsener Speck, 100 g Butter, 1 1/2 kg Lauch, 3 Eßlöffel Mehl, 1/4 Liter süße Sahne, 4 Eier, Pfeffer, Salz, Muskatnuß

Aus Mehl, Butter, Salz, Zucker und Wasser einen Teig kneten. Etwas ruhen lassen und dann eine gut gebutterte Springform damit auslegen. Die Ränder hochziehen. Für den Belag den Speck fein würfeln und in 100 g Butter auslassen. Den fein geschnittenen Lauch dazugeben und dünsten, bis er Farbe annimmt. Mit dem Mehl bestäuben und gut umrühren. Diese Masse auf den Kuchen geben und im vorgeheizten Backofen 15 Minuten vorbacken. Aus der Sahne, den ganzen Eiern und den Gewürzen eine Mischung herstellen und über den vorgebackenen Kuchen gießen. Nochmals für 15 – 20 Minuten in den Ofen geben und ausbacken. Heiß servieren!

Weingut Erich
Riesling
Erzeugerabfüllung
ERICH BUMB · 6741 HAINFELD

Leberknödel

Wenigstens einmal in der Woche gibt es in ländlichen Pfälzer Haushalten Leberknödel, in der Landessprache *Lewerknepp* genannt. Früher waren *Lewerknepp* das bevorzugte Standardessen am Kirchweih-Dienstag. Das Kriterium bei *Lewerknepp* ist und bleibt die Intensität des Geschmacks nach Leber. Es ist tunlichst zu vermeiden, daß *Lewerknepp* kaum von Semmelknödeln zu unterscheiden sind.

500 g frische Schweineleber, 2 alte Brötchen, 1 große Zwiebel, 200 g durchwachsenes Dörrfleisch, 3 Eier, Salz, Pfeffer, Muskat und Majoran, 1 1/2 Liter Salzwasser oder Fleischbrühe

Die Leber, die eingeweichten Brötchen, die Zwiebel und das Dörrfleisch (Räucherspeck) durch den Fleischwolf drehen. Unter diese Masse die 3 Eier schlagen. Mit Salz, Pfeffer, Muskat und Majoran kräftig abschmecken. Den Teig einige Zeit kühlstellen. Mit einem Suppenlöffel Knödel abstechen und in siedendem Salzwasser – besser ist Fleischbrühe! – 15 Minuten ziehen lassen. Mit goldgelb gerösteten Zwiebeln übergießen und mit Kartoffelpüree und Sauerkraut servieren.

Pfälzer Mandelplatte

Zu den vielen in der Pfalz reifenden Früchten gehören auch Mandeln. Alljährlich schlägt sich in den regionalen Zeitungen der Wettbewerb nieder, wo zuerst die Mandelbäume in Blüte stehen, an der Deutschen Weinstraße in der Pfalz oder an der Bergstraße zwischen Heidelberg und Bensheim. In der Pfalz, in Gimmeldingen, einem Vorort von Neustadt, gibt jedenfalls ein Mandelblütenfest stets Kunde davon, daß der Frühling endgültig seinen Einzug gehalten hat. Und wo Mandelblüten auf deutschem Boden den Frühling anzeigen, darf man sich getrost einer bevorzugten Landschaft rühmen.

Für den Teig: 1/4 Liter süßer Rahm, 250 g Zucker, 500 g Mehl, 4 Eier, 1 Päckchen Vanillezucker, 1 Päckchen Backpulver, 1 Prise Salz, für das Blech etwas Butter und Mehl.
Für den Guß: 125 g Butter, 250 g Zucker, 1 Päckchen Vanillezucker, 4 Eßlöffel Rahm, 250 g geschälte, gestiftelte Mandeln

Aus allen Teigzutaten einen glatten Rührteig herstellen. Diesen Teig auf ein gebuttertes und gemehltes Backblech geben und 10 – 12 Minuten bei 200° C vorbacken. 125 g Butter zergehen lassen, mit den übrigen Zutaten für den Guß einen zweiten Teig herstellen und diesen auf den vorgebackenen Kuchen auftragen. Nochmals gut 10 Minuten ausbacken, bis die Mandeln goldbraun sind. Auskühlen lassen und zum Kaffee oder einem Glas Gewürztraminer servieren.

Meerrettichsoße

Der Pfälzer schätzt diese Soße zu vielerlei Gerichten. Zu nennen sind vor allem Fleischklöße, Suppenfleisch und Kochfisch. Es handelt sich um eine sogenannte weiße Soße, die die einen milder, die anderen schärfer bevorzugen. In jedem Fall erfreut sie den an herzhafte Würzungen über Jahrhunderte gewöhnten Pfälzer Gaumen und, was wichtig ist, fördert – den Durst.

80 g Butter, 2 Eßlöffel Mehl, 1/4 Liter Fleischbrühe, 1 große Stange Meerrettich, Pfeffer, Salz, 1 Prise Zucker, 1/2 Becher Sahne

Aus Butter, Mehl und Fleischbrühe eine helle Mehlschwitze herstellen. Den frisch geriebenen Meerrettich unter die Soße rühren und alles einmal kurz aufkochen lassen. Mit Pfeffer, Salz und Zucker abschmecken. Zum Schluß die Sahne dazugeben. Die Schärfe kann übrigens stufenlos reguliert werden, indem Sie nur einen Teil des Meerrettichs aufkochen lassen, den anderen Teil aber zum Schluß roh unter die Soße rühren. Beim Erhitzen verflüchtigt sich nämlich das Senföl, das für die tränenden Augen verantwortlich ist, sehr rasch.

Nußdorfer Servela

Um diese Würste auf den Tisch zu bringen, braucht sich die Hausfrau nicht sehr anzustrengen. Die Nußdorfer Servela – benannt nach ihrem Entstehungsort Nußdorf bei Landau in der Südpfalz – sind in der häuslichen Küche nicht herzustellen. Man muß sie beim Metzger fertig kaufen. Doch wie in einem kulinarischen Streifzug durch Bayern Weißwürste nicht fehlen dürfen, so muß in diesem Buch auf die Nußdorfer Servela hingewiesen werden. Zumal es sich dabei wirklich um eine Pfälzer Einmaligkeit, ja um eine Spezialität handelt, die es nur in Nußdorf und seiner unmittelbaren Umgebung gibt. Schon die Nord- und Westpfälzer kennen diese Würste kaum – die Armen!

Im Metzgerladen hängen sie in der Größe von Weißwürsten in Schweinsdärmen gebunden. Sie sind gefüllt mit einem rohen Teig aus Schweinefleisch, ähnlich den groben Bratwürsten, nur stark mit Knoblauch gewürzt. Sie müssen so lange in kochendem Wasser ziehen (ca. 20 – 25 Minuten), bis sich ihre rosa Naturfarbe in ein Mausgrau gewandelt hat. Sie werden heiß gegessen mit Senf, Brezeln oder Bauernbrot. Ein Schoppen – in der Pfalz ist das ein halber Liter im Schoppenglas – herben Weines erhöht den Genuß gewaltig. Wer die Nußdorfer Servela einmal gegessen hat, fährt nicht selten an die Quellen in diesem Dorf oder seiner Umgebung, um diese Würste heimzuholen.

Rheinpfalz
Riesling
1L

Pfälzer Feigen

Das milde Klima der Pfalz – manche sprechen im Sommer auch von Treibhausluft – läßt vieles gedeihen, was man sonst nur von südlichen Ländern kennt. Darunter auch Feigen. In Deidesheim an der Deutschen Weinstraße, einem der bekanntesten Weinorte der Welt, gibt es eine Feigenstraße. Dort stehen vor den Häusern niedrige Feigenbäume mit dem großen exotischen Blattwerk, und an ihnen reifen, wenn das Jahr nicht allzu frostig ist, die Früchte. Wäre es nicht ein Apfel gewesen, mit dem die Eva den Adam verführt hat, hätte es auch eine zarte, mit rosarotem Fleisch ausgezeichnete Feige sein können. Wer's nicht glaubt, versuche sie!

750 g Feigen, 3/8 Liter herber Weißwein, 1/8 Liter Rotwein, 5 Löffel Essigessenz, ein Stück Ingwerwurzel, 2 Gewürznelken, abgeriebene Schale von einer Zitrone, 500 g Zucker

Die nicht geschälten Feigen kalt abspülen und sanft abtrocknen. Mehrmals mit einem Zahnstocher einstechen und in Gläser legen. Alle Zutaten in einem Topf aufkochen und heiß über die Früchte gießen. Die Gläser verschließen und 24 Stunden ruhen lassen. Den Sud danach abgießen, aufkochen und wieder heiß über die Früchte schütten. Das gleiche noch zweimal im 24-Stunden-Abstand wiederholen. Die Gläser sodann mit Cellophan schließen und zubinden. So kann man auch kleine grüne Tomaten einlegen. Es schmeckt prima zu geschmortem Fleisch und zu Wild.

Rahmkartoffeln

Und noch ein Kartoffelgericht. Die Pfälzer – es muß wiederholt werden – sind nicht nur große Kartoffel- oder *Grumbeere*-Freunde, es werden in dem Streifen zwischen Rhein und Weinbaugebiet auch viele Kartoffeln angebaut. Zu dem samstäglichen Suppenfleisch werden Rahmkartoffeln bevorzugt. Beides schmeckt gut zusammen, und mit Rahmkartoffeln rutscht das Fleisch besser, wenn es einmal für die Sonntagssuppe allzu sehr ausgekocht worden sein sollte. Kenner lassen sich oft auch die Rahmkartoffeln allein servieren.

2 kg Kartoffeln, 125 g Butter, 3 – 4 Eßlöffel Mehl, 1/4 Liter Fleischbrühe, ein Becher Rahm, ein Bund Petersilie, Salz und Pfeffer

Kartoffeln schälen, in dickere Scheiben schneiden und in einem Topf nicht zu weich kochen. Aus Butter, Mehl und Fleischbrühe eine dickliche Soße herstellen. Diese eine Viertelstunde durchköcheln lassen. Danach die Sahne dazugeben, die feingeschnittene Petersilie und die Kartoffeln vorsichtig darunterheben.

Rahm- und Streuselkuchen

Kein Sonntagskaffee ohne Kuchen! Hier sind deshalb die Namen von zwei Kuchen im Titel genannt, weil die Grundsubstanz der Kuchen, der Teig, gleich ist. Nur der verschiedene Belag schafft unterschiedlichen, doch in beiden Fällen von Pfälzern bevorzugten Geschmack. Es handelt sich beim Rahm- und beim Streuselkuchen um absolut klassische Pfälzer Kuchensorten. Wer Rahm- und Streuselkuchen in seinem kulinarischen Wortschatz führt, weist sich zweifelsfrei als intimer Kenner der Pfälzer Küche aus.

Hefeteig (siehe Rezept Zwetschgenkuchen Seite 192).
Für den Guß des Rahmkuchens:
1/2 Liter süßer Rahm, 6 Eigelb,
5 Eßlöffel Zucker, 1 Prise Salz.
Belag Streuselkuchen: 100 g Mehl,
100 g Zucker, 100 g Butter

Rahmkuchen: Den Hefeteig dünn ausrollen, auf das Backblech geben, an den Seiten etwas hochziehen. Den Rahm verquirlt man mit den Eigelb, dem Zucker und dem Salz und gibt diese Masse auf den Hefeteig. Den Kuchen in den vorgeheizten Backofen schieben und gut 30 Minuten bei 200° C backen, bis die Oberfläche goldgelb ist. Es ist nicht zu verhindern, daß sich Rahmpfützen bilden, was die Verteilung des Kuchens spannend macht.

Streuselkuchen: Mehl, Zucker und die Butter in eine Schüssel geben und die Masse zwischen den mehlbestäubten Händen so verarbeiten, daß sich kleine Klümpchen bilden. Diese Klümpchen werden gleichmäßig, aber möglichst dicht auf dem Hefeteig verteilt. Backen wie Rahmkuchen.

Kalter Rahmpudding

Dieses Rezept wurde über Generationen von einer alteingesessenen Pfälzer Anwaltsfamilie gehütet wie ein Nibelungenschatz. Bis ein männlicher Sproß dieser Familie sich durch den Charme einer geradezu süchtigen Verehrerin des kalten Rahmpuddings erweichen ließ und ihr heimlich aus dem handgeschriebenen Familienkochbuch das Rezept abtippte. Die sinnige Widmung, die darunter ihren Niederschlag fand, lautet: „Von einem, der auch anderen etwas gönnt." Wahrhaftig ein Akt der Nächstenliebe.

4 Eier, 4 Eßlöffel Zucker, 1 Päckchen Vanillezucker, 1/2 Liter saure Sahne, 65 g abgezogene und gehäckelte Pfälzer Mandeln, 3 Blatt weiße Gelatine

In eine kupferne Pfanne gibt man 4 Eigelb, 4 Eßlöffel Zucker, den Vanillezucker, die saure Sahne und die Mandeln. Die Pfanne wird aufs Feuer gesetzt und die Masse so lange gerührt, bis sie kocht und dick wird. Dabei werden nach dem Aufkochen drei Blatt Gelatine, die vorher gut in 3 Eßlöffel warmem Wasser aufgelöst worden sind, daruntergezogen. Nach dem Einrühren der Gelatinelösung wird der Schnee der vier Eiweiß unter die kochende Masse in der Pfanne gerührt und alles ohne weiteres Kochen in eine mit kaltem Wasser ausgespülte Form gegossen.

Rebhuhn

Wo viele Reben wachsen, muß es auch viele Rebhühner geben. Sollte man meinen. Doch in letzter Zeit sieht es mehr und mehr so aus, als seien diese schmackhaften Tiere vom Aussterben bedroht. Erfahrene Jäger meinen, die intensive und weitgehend maschinelle Bearbeitung des Bodens, bei der kein Stückchen Freizone mehr bleibt, sei dem Vorkommen, Gedeihen und Entfalten von Rebhühnern nicht eben dienlich. Sie sind im buchstäblichen Sinne in der Pfalz Mangelware geworden. Um so mehr weiß es der Feinschmecker zu schätzen, zu Rebhühnern eingeladen zu werden.

4 Rebhühner (pro Person eins), Salz, Pfeffer, ein paar Traubenbeeren, Dörrfleisch zum Umwickeln

Die gerupften Rebhühner waschen, innen und außen salzen und pfeffern. Die klein geschnittenen Innereien (Leber, Magen, Herz) mit ein paar halbierten Traubenbeeren vermischen und in die Bäuche füllen. Mit Dörrfleischscheiben (Räucherspeck) gut umwickeln. Nun kann man sie entweder im Rohr braten oder auf Sauerkraut im Römertopf mit Wein übergossen dämpfen. Dazu Kroketten und entweder einen Ruländer als weißen oder einen Spätburgunder als roten Wein kredenzen.

Rokokotorte

Hier wird ein süßer Gipfel erreicht! Über diese Torte kann man nur in Superlativen sprechen. Sie gehört zum Köstlichsten, was Freunden edler Süßspeisen geboten werden kann. Das Rezept stammt aus der Rezeptsammlung einer alten Tante, die aus dem Fichtelgebirge in die Pfalz gekommen war und hier ihr Leben zubrachte. Ob sie die Rokokotorte aus ihrer Heimat mitbrachte oder erst in der Pfalz davon hörte, ist nicht mehr zu rekonstruieren. Auch der Name bleibt geheimnisvoll, obwohl sich bei der Betrachtung der dunkelbraunen Bäckerei mit der weißen Cremefüllung und einem ebensolchen Überzug Assoziationen zum Rokoko einzustellen vermögen.

Für die Torte: 90 g Butter, 3 Eier, 225 g Zucker, 210 g Mehl, 60 g gemahlene Haselnüsse (oder auch Mandeln), 45 g Kakao, 1/4 Liter Milch, etwas Backfett.
Für die Creme: 100 g gemahlene Haselnüsse oder Mandeln, 1/8 Liter Milch, 100 g Zucker, 2 Päckchen Vanillezucker, 100 g Butter, 1 kleiner fertiger Vanillepudding

Butter und Eigelb schaumig rühren. Alle anderen Zutaten dazugeben, rühren, zum Schluß die steif geschlagenen Eiweiß unterheben. In eine gut gefettete Springform füllen und ca. 45 Minuten backen.

Creme: Die Nüsse werden mit der Milch, dem Zucker und dem Vanillezucker zu einem dicken Brei eingekocht. Diesen läßt man abkühlen. Die Butter schaumig rühren. Die erkaltete Nußmasse und den fertigen Vanillepudding dazugeben und so lange rühren, bis eine weiße Creme entsteht (10 Minuten mit dem Rührgerät). Nun schneidet man die Torte durch, füllt sie mit der Hälfte der Creme und deckt sie mit der anderen Cremehälfte ab.

Rostige Ritter

Wenigstens drei Viertel der Pfalz sind mit Wald überzogen. Der Pfälzer Wald ist – man höre und staune – überhaupt das größte zusammenhängende Waldgebiet Deutschlands. Früher gab es daher ein auffallendes soziales Gefälle. Vereinfacht gesagt: Im Wald wohnten die *arme Leit*, in der zum Rhein hin vorgelagerten Weingegend die *reiche*. Rostige Ritter sind eine süße Mehlspeise, vornehmlich in *de Hinnerpalz*, im Wald, beheimatet, denn sie sind ein billiges Gericht. Sie haben einen etwas gehärteten, panzerartigen Überzug von rostiger Farbe. Mit einer Kartoffelsuppe voraus sind die Münder der stärksten Familie zu stopfen.

10 Milchbrötchen („Milchweck“ oder „Fiezle“ genannt), 6 Eier, 1 Liter Milch, 4 Eßlöffel Zucker, Zimt, Butter für die Form

Die Milchbrötchen sollten einen Tag alt sein. Mit einem Reibeisen wird die braune Kruste der Brötchen abgerieben. Die Brösel werden aufbewahrt. Die Eier werden mit der Milch gut verrührt. Die abgeriebenen Brötchen nun in die Eiermilch einlegen, bis sie vollgesogen sind, dann ausdrücken. Daneben von den Bröseln, dem Zucker und dem Zimt eine Panade herstellen. Damit werden die feuchten Brötchen dick paniert und in einer Pfanne von allen Seiten knusprig, rostig gebraten. Dazu gibt es Vanillesoße.

Rotweinkuchen

Kuchen im Haus zu haben, gilt in der Pfalz als Ausdruck der Wohlhabenheit. Ein Pfälzer Mädel, tritt es in den heiligen Stand der Ehe, muß wenigstens ein Dutzend Kuchenrezepte beherrschen. Daß sich darunter natürlich ein Kuchen befindet, der mit Wein etwas zu tun hat, liegt auf der Hand. Gäbe es ihn noch nicht, müßte er schleunigst im größten deutschen Weinbaugebiet, das zu sein sich die Pfalz rühmen darf, erfunden werden.

Je 250 g Butter, Zucker und Mehl, 4 Eier, 1/8 Liter Rotwein, 1 Teelöffel Zimt, 3 Teelöffel Kakao, 150 g Schokostreusel, 1 Päckchen Backpulver, 1 Päckchen Vanillezucker, Butter für die Form, Puderzucker und Rotwein für die Glasur

Butter, Zucker, Mehl, Eier und Wein werden gründlich verrührt. Dazu gibt man dann Zimt, Kakao, Schokostreusel, Backpulver und Vanillezucker. Diesen Teig in eine gut gebutterte Bundkuchenform füllen und ungefähr eine Stunde backen. Nach dem Backen den Kuchen mit einem Guß aus Puderzucker und Rotwein glasieren.

Sauerkrautauflauf

Ihn gab's und gibt es noch vornehmlich montags. Denn Sauerkrautauflauf ist einmal ein Resteverwerter. Zum anderen hat die Hausfrau genug Zeit, um neben dem Kochen den vielfältigen Hausarbeiten nachzugehen, die nach einem familienintensiven Wochenende anzufallen pflegen. Dieses Eintopfgericht brutzelt, wenn es einmal in der Auflaufform zubereitet ist, allein vor sich hin und macht aus dem, was vom Sonntagsschmaus übrig blieb – natürlich kann es auch mit frischen Zutaten hergestellt werden – ein vorzügliches neues Gericht.

Kartoffelpüree von 1 kg Kartoffeln, 1/2 kg rohes Sauerkraut (oder gekochtes), 1 Ring Hausmacher Leberwurst, Fett für die Auflaufform, 10 – 20 g Butter

Die Auflaufform gut ausfetten. Jetzt kommt eine Lage Kartoffelpüree hinein. Auf das Püree eine Lage Sauerkraut. Auf das Sauerkraut verteilt man eine dicke Lage aus dem Darm gedrückter Leberwurst. In der Reihenfolge dieser Lagen wird fortgefahren, bis die Auflaufform gefüllt ist. Den Abschluß nach oben bildet, wie nach unten, Kartoffelpüree. Darauf werden ein paar Butterflöckchen verteilt, und man schiebt das Ganze bei mittlerer Hitze etwa 45 Minuten in den Backofen. Bei Verwendung von Kartoffelpüree und Sauerkraut vom Vortag ist der Auflauf nur heißzumachen. Nur Hausmacher, keine Kalbsleberwurst verwenden.

Pfälzer Saumagen

Krönender Ausdruck der fast innigen Beziehung des Pfälzers zum Schwein, zur Sau, ist der Saumagen. In der ganzen Welt gibt es nicht seinesgleichen. Vergleicht man Speisekarten, der Saumagen bleibt mit Gewißheit auf das Gebiet der Pfalz, der ehemaligen Kurpfalz, begrenzt – obwohl der Pfälzer diesen – nach seinem Geschmack – Hochgenuß jedem gönnen möchte. Der Saumagen setzt einige Kochkunst voraus, doch er entlohnt die Mühen eben mit seiner Einmaligkeit. Man kennt ihn gekocht und gebraten als Ganzheit aufgetischt, aber auch in Scheiben angebraten. Adäquat ist der Wein „Kallstadter Saumagen" in trockener Form.

Zuerst muß beim Metzger ein frischer, kleiner, geputzter Saumagen bestellt werden. Für die Füllung: 1 – 1 1/2 kg gekochte Kartoffeln, 750 g grüner, magerer Schweinebauch, 375 g gehacktes Rindfleisch, 3 Eier, 2 große Zwiebeln, aufgeschnitten im Fett gedämpft, Majoran, Salz, Pfeffer, Muskatnuß, 1/2 Liter Fleischbrühe

Zuerst zwei der drei Ausgänge am Saumagen zubinden. Kartoffeln und Schweinebauch in gleichmäßige Würfel schneiden. Alle übrigen Zutaten dazugeben, sehr kräftig würzen und durcharbeiten. Diese Masse in den Saumagen füllen und zubinden. In siedendem Salzwasser gut 3 Stunden ziehen lassen – nicht kochen! Er kann bereits so mit Genuß gegessen werden, jedoch gibt es auch eine andere Geschmacksrichtung, die ihn in Butter gebraten bevorzugt. Dazu wird Sauerkraut gereicht. Der perfekt zubereitete Saumagen hat Tranchen, die beim Aufschneiden nicht bröckeln oder gar zerfallen. Bauernbrot, Weinkraut und natürlich Pfälzer Wein – siehe oben – dazu reichen.

Siebeldinger
Qualitätswein mit
Theo Frey

Saumagenkartoffeln

Um den Ärger von Ehemännern zu dämpfen, denen der Wunsch nach Saumagen unerfüllt bleibt, weil er der Hausfrau in der Herstellung zu umständlich ist und zuviel Arbeit macht, hat ein pfiffiger Geist die Saumagenkartoffeln erfunden. Bekommt man auch nicht das geliebte Originalgericht auf den Teller, so doch wenigstens einen Abklatsch davon, der in der Intensität des Geschmacks keineswegs zweitrangig sein muß. Jedenfalls: Für die Hausfrau bedeuten Saumagenkartoffeln eine Erleichterung, für den hungrigen Ehemann fast den ersehnten Genuß eines ganzen Saumagens.

2 kg Kartoffeln, 375 g magerer Schweinebauch, 375 g Schweinebraten, 2 mittelgroße Zwiebeln, Majoran, Salz und Pfeffer, Kokosfett

Kartoffeln schälen und in kleine Würfel schneiden. Ebenso das Fleisch würfeln. Die Zwiebeln grob hacken. Kartoffeln, Fleisch und Zwiebeln in eine Schüssel geben, würzen und alles gut durchmischen. Inzwischen wird in einem Topf das Fett erhitzt. Jetzt wird die Fleisch-Kartoffel-Masse in diesen Topf gegeben, ein halber Liter Wasser darübergegossen und zugedeckt gegart. Falls dann nach 40 – 45 Minuten noch zuviel Flüssigkeit im Topf ist, dieselbe bei offenem Deckel verdampfen lassen. Dazu gibt es mit Knoblauch gewürzten, knackigen Endiviensalat.

Saure Kartoffelbrühe

Dieses Rezept stammt aus einem Kochbuch aus dem Jahre 1897. Es wurde von Katharine Dexheimer aus Gimbsheim in der Nähe von Worms mit der Hand geschrieben. Exakt betrachtet, liegt Gimbsheim zwar außerhalb der Pfalz, nordöstlich davon, aber die Gegend dort steht noch stark unter pfälzischem Einfluß – sagen die Pfälzer. Nun, das Gericht ist so schmackhaft und von schlichtem Charakter, daß es tatsächlich aus der Pfalz sein könnte, vielleicht sogar wirklich ist. Mit einem Stück Bauernbrot dazu vermittelt es selbst dem verwöhntesten Städter die Illusion, an einem blankgescheuerten Bauerntisch zu sitzen und zu löffeln, was Gott gegeben hat.

1 kg Kartoffeln, Pfeffer, Salz, 2 Zwiebeln, 1 Lorbeerblatt, Essig, Mehl, Butter, geröstete Weißbrotwürfel, luftgetrocknete Blutwurst

Kartoffeln schälen, in Scheiben schneiden. Pfeffer, Salz, Zwiebeln, Lorbeerblatt dazugeben, mit so viel Wasser übergießen, daß alles gut bedeckt ist, und kochen. Wenn alles gar ist, mit einem Kartoffelstampfer fein zerstampfen. Aus Essig und Mehl einen Teig anrühren, mit dem die Suppe sämig gemacht wird. Mit einem Stückchen Butter verfeinern. Zum Anrichten in Butter geröstete Weißbrotwürfel und in dünne Scheiben geschnittene luftgetrocknete Blutwurst beimischen.

Schales

Dieses Gericht haben die Pfälzer den Juden abgeguckt. Schales ist die pfälzisch-saarländische Version von Schalet oder Scholet. Es dreht sich um ein Eintopfgericht, das freitags angerichtet und am Sabbat serviert wird, da an diesem Tag kein Jude eine Arbeit verrichten darf. Der Schales wurde früher in geeigneter Form, an geeignetem Ort über Nacht warmgehalten, heute bereitet das Warmhalten ja keine Schwierigkeiten mehr. An die Stelle des bei den Juden verwendeten koscheren Fleisches setzten die Pfälzer Dörrfleisch. Es ist würziger. Selbst Heinrich Heine widmete diesem Gericht freundliche Betrachtungen.

1 1/2 kg Kartoffeln, 3 bis 4 Stangen Lauch, 2 Eier, Salz, Pfeffer, Fett für die Auflaufform, nach Belieben 250 g in kleine Würfel geschnittenes Dörrfleisch

Die Kartoffeln grob reiben. Den Lauch in kleine, feine Ringe schneiden. Mit den Kartoffeln vermischen, die Eier und Gewürze dazugeben und nach Belieben das Dörrfleisch. Die Masse in eine gut ausgefettete Auflaufform füllen und im vorgeheizten Backofen 1 1/2 Stunden bakken. Dazu schmeckt vorzüglich Wingertsalat (Acker- oder Feldsalat).

Pfälzer Schlachtpartie

Eine Pfälzer Schlachtpartie kann man nicht nach Kochbuch zu Hause machen, die muß man erleben. Sie gehört bei einem kulinarischen Streifzug durch die Pfalz zu den wichtigsten Stationen, wenn sie nicht gar selbst die wichtigste ist. Um sie zu erleben, muß man von einem der wenigen Landwirte, die heute noch eigenes Vieh im Stall halten, eingeladen werden oder eine Gastwirtschaft aufsuchen, wo die *Saublos*, die Blase eines Schweins, aufgeblasen am Fensterladen hängt. So wird jedermann kundgetan: Hier wird geschlachtet.

Es beginnt morgens um 11 mit Kesselfleisch. Für die Qualität des Kessel- oder auch Wellfleischs und seinen unnachahmlichen (Nuß-) Geschmack ist ausschlaggebend, daß das frisch geschlachtete Fleisch körperwarm in den Kessel kommt. Und zwar dann, wenn das Wasser den dritten Qualler schlägt. Kenner suchen sich – in der Schlachtschüssel darf herumgestochert und -gesucht werden – Stücke vom Schnüffel oder *Koppbäckel* (Kopfbacken zum Unterschied vom A...backen bzw. Schinken), wenigstens aber durchwachsene Stücke aus. Ein wenig fett muß Kesselfleisch schon sein.

Der trockene Kuchen zum Kaffee um 13 Uhr saugt das Fett wieder auf. Nachmittags um 17 Uhr werden warmfrische Leber- und Griebenwürstchen versucht. Gegen 19 Uhr gibt's dann *Worschtsupp*, auch *Metzelsupp* genannt. Sie bildet den Auftakt zum eigentlichen Abendessen mit Schweinepfeffer und Majoranklößchen (auch außerhalb einer Schlachtpartie nach diesem Kochbuch zu machen), frischen Bratwürsten und Koteletts. Zweifellos, das Ganze ist eine Mordsfresserei – *awer e schöni!* Getrunken wird den ganzen Tag ein sehr herber, saurer Wein und, nach Bedarf, ein klarer Obstschnaps. Die Stimmung ist zum Ausklang gehoben. Oft wird sogar gesungen.

Pfälzer Schneckennudeln

Wenn wir als Kinder ein paar Zehner in der Tasche hatten, haben wir uns mit Wonne Schnekkennudeln gekauft. *Schneckenudle* gehören zu dieser Landschaft wie Salzbrezeln, denen zu Ehren in Speyer ein Brezelfest gefeiert wird. Sie haben mit den als Teigwaren bekannten Nudeln gar nichts zu tun. Es handelt sich vielmehr um ein Hefegebäck, dessen Form entfernt an ein Schneckenhaus erinnert.

250 g Mehl, 1/2 Teelöffel Salz, 1 Ei, 1 Würfel Hefe, 125 g Butter, 1 Eßlöffel Öl, 2 – 3 Eßlöffel Zucker, 1 Päckchen Vanillezucker, etwas abgeriebene Zitronenschale, etwas Mehl.
Zur Füllung: 200 g gemahlene Haselnüsse, 80 g Butter, 3 Eßlöffel Zucker, 1 Schuß Milch, 100 g Rosinen, 200 g Puderzucker, 5 Eßlöffel Obstschnaps

Mehl, Salz, Ei, Hefe, Butter und Öl zusammenrühren und schlagen. Diesen Teigkloß in eine Schüssel mit kaltem Wasser werfen. Wenn der Kloß schwimmt, ihn 5 Minuten schwimmen lassen und dann aus dem Wasser nehmen. Jetzt gibt man den Zucker, Vanillezucker und die Zitronenschale dazu. Noch einmal kräftig durchschlagen. Den Teig auf einem bemehlten Brett auswellen und mit der Masse aus gemahlenen Nüssen, Butter, Zucker, Milch und Rosinen bestreichen. Den Teig aufrollen, die Rolle in drei Zentimeter dicke Scheiben schneiden und diese Scheiben nebeneinander in eine gut gebutterte Springform setzen. Eine halbe Stunde ruhen lassen, dann im vorgeheizten Backofen backen. Nach dem Backen noch warm mit dem Puderzucker-Schnaps-Guß glasieren.

Schneebällchen

Die „Schneebällchen", die es in dieser Form nur in der Pfalz gibt, haben ihren Namen von der zarten Konsistenz frisch gefallenen Schnees. Sie sollten an Zartheit durch nichts zu übertreffen sein. Der Pfälzer empfindet sie als Krone aller Gerichte, die jemals aus der Kartoffel entwickelt worden sind. Als ein einheimischer Gast mit verbundenen Augen, so erzählt man sich, einmal eine Kostprobe davon erhielt, soll er zu einem poetischen Anflug animiert worden sein und – selten genug – auf Hochdeutsch gesagt haben: „Der Geschmack, so zart und fein, kann nur von Pfälzer Schneebällchen sein."

12 – 15 Kartoffeln (feste Kartoffeln), 1 Zwiebel, ein kleiner Bund Petersilie, 125 g Butter, 4 Eier, 1 Eßlöffel Mehl, Salz, Pfeffer, Muskatnuß und Majoran. Ein großes Stück Butter und zwei Eßlöffel Semmelbrösel extra

Die Kartoffeln am Vortag in der Schale kochen und abpellen. Am nächsten Tag durch die Kartoffelpresse drücken. Die fein gehackte Zwiebel und die fein geschnittene Petersilie 5 Minuten in der Butter andünsten. Dieses Gemisch unter die Kartoffelmasse rühren. Nach und nach die Eier und das Mehl dazugeben. Mit Salz, Pfeffer, Muskatnuß und Majoran kräftig würzen. Mit nassen Händen kleine Bällchen formen und sie in kochendem Wasser 15 Minuten ziehen lassen. In einem Pfännchen die Butter und die Semmelbrösel braun werden lassen, über die gut abgetropften Klöße gießen und sofort zu Braten oder Gulasch servieren – und einen guten Pfälzer Rotwein nicht vergessen!

Schokoladencreme

Dieses Rezept stammt aus dem handgeschriebenen Kochbuch der Großmutter, der, wie die Dorfbewohner sagten, *„Fraa General"*. Schokoladencreme war also, noch in der ersten Hälfte unseres Jahrhunderts, eine Nachspeise von feinen Leuten. Denn Schokolade, deren Kunde zu Anfang des 16. Jahrhunderts aus Mexiko über Spanien nach Europa kam, war damals relativ teuer. Milchschokolade erfreute sich allgemeiner Beliebtheit, bittere Schokolade war nicht nach jedermanns Geschmack und deshalb exklusiv.

1 Liter Milch, 2 Tafeln gute bittere Schokolade, 8 Eigelb

Die Milch in einen Topf geben. Mit der zerbröckelten Schokolade und den Eigelb so lange auf der heißen Herdplatte rühren, bis die Masse zum Kochen kommt. Nicht weiterkochen, sondern vom Herd nehmen, in eine Glasschale füllen und erkaltet in den Kühlschrank stellen. Eine der köstlichsten Süßspeisen ist fertig.

Schweinekotelett

Als Abwechslung zum Schweinebraten essen die Pfälzer sonntags auch gerne *Kotelett vun de Sau*. Immer wieder zieht es halt die Einheimischen zu den edlen Körperteilen des Borstenviehs hinan. „Nix besser als e schänes Kotlett, foi paniert un in Schmalz rausgebrote", heißt eine landesübliche Devise. Es gibt wahre Meisterinnen im Kotelettmachen – allerdings so selten wie Weltmeisterinnen in einer Sportart. Die Irma Weiss in Frankweiler in der Wirtschaft „Zur Traube" ist so eine Meisterin. Ihr Kotelett, in Schweineschmalz auf einem alten Feuerherd gebraten, gilt bei Kennern als „das beschte Kotlett der Welt". Sonntags gibt's dazu Rotkraut, Sauerkraut oder feine Schwarzwurzeln mit buttrigen Bratkartoffeln.

4 große Stielkoteletts, Pfeffer, Salz, Muskatnuß, 1 Eßlöffel Mehl, 2 Eier, Semmelbrösel, Schweineschmalz zum Braten

Die Koteletts werden gepfeffert, gesalzen und mit frisch geriebener Muskatnuß gewürzt. Von beiden Seiten mit Mehl bestäuben. Danach durch die leicht geschlagenen Eier ziehen und dick mit Semmelbröseln panieren. In einer schweren Pfanne das Schweineschmalz zerlassen und gut erhitzen. Darin werden die Koteletts von beiden Seiten knusprig dunkelbraun gebraten.

Schweinepfeffer

Der Namensbestandteil des Gerichts „Pfeffer" deutet auf eine notwendigerweise herzhafte, scharfe Sache hin. Er sagt dem Fachmann aber auch, daß ein gewisses Maß von Schweineblut dazugehört. An Schlachttagen ist der Schweinepfeffer daher ein vorzügliches Abendessen. Das Schweineblut ist jedoch auch entbehrlich, zumal es nicht jede Hausfrau appetitlich findet, beim Metzger solches einzuholen. Im Grunde hat es nämlich nur die – für Kenner allerdings unentbehrliche – Funktion, die Soße einzudicken.

1 kg Schweinebraten ohne Knochen, am besten vom Hals.
Zur Beize: 1/2 Liter kräftiger Weiß- oder Rotwein, 2 Eßlöffel Essig, 1 Lorbeerblatt, einige Pfefferkörner, je eine aufgeschnittene gelbe Rübe und Lauchstange, 2 mit je 2 Nelken gespickte Zwiebeln, 2 Knoblauchzehen, Salz, Pfeffer

Das Fleisch wird in nicht zu kleine Würfel geschnitten. Diese werden mindestens einen Tag lang in die aus den genannten Zutaten bereitete Marinade gelegt. Das gut abgetropfte Fleisch wird sodann in einem Topf sehr scharf angebraten und mit einem Teil der Marinade abgelöscht. Die aufgeschnittene gelbe Rübe, den Lauch und die Zwiebel dazugeben und langsam weich kochen. Sofern man hat, eine Tasse Schweineblut darübergießen. Vor dem Anrichten die Soße durchsieben und, falls sie dann ohne Blut zu dünn ist, mit Mehl etwas andicken, mit Salz und Pfeffer würzen. Schneebällchen sind dazu die beste Beilage. Bier oder Spätburgunder empfiehlt sich als Getränk.

Kreuznacher Spanferkel

Im benachbarten Saarland sagt man: „Spanferkel haben goldene Schwänz'." Die Pfälzer reden mehr von „Spansau", um keinen Zweifel daran zu lassen, woher sich die Spanferkel ableiten. Bad Kreuznach liegt dicht bei der Nordgrenze der Pfalz im Weingebiet der Nahe. Die Kreuznacher haben eine eigene Zubereitung von Spanferkeln entwickelt, die in den nordpfälzischen Gebieten übernommen wurde.

1 Spanferkel, Butter, Salz, Pfeffer, 125 g Schmalz, 1 Scheibe Schwarzbrot, 1 Tomate, 1 gelbe Rübe (Karotte), 1 Apfel, 3 Zwiebeln, 1/2 Liter Wein.
Für das Füllsel: 2 1/2 kg gekochte, geschälte und zerschnittene Kartoffeln, 1 kg mageres Schweinehackfleisch, Butter und Gewürze (Pfeffer, Salz, Muskatnuß, Streuwürze)

Das vorbereitete Spanferkel bestreicht man innen und außen mit Butter und würzt es ebenso mit Salz und Pfeffer. In eine entsprechend große Pfanne gibt man Butter, Schmalz, Schwarzbrot, Tomate, gelbe Rübe, Apfel, die Zwiebeln, den Wein und das Spanferkel und brät es bei mittlerer Hitze unter öfterem Begießen etwa 3 Stunden.
In der Zwischenzeit wird das Füllsel in einem Extratopf zubereitet: Herz, Leber und Lunge des Ferkels fein gehackt, mit den Kartoffeln und dem Hackfleisch gut vermischt und kräftig gewürzt. Die Masse wird mit zerlassener Butter gut vermengt und gedämpft. Man serviert dieses Füllsel neben dem tranchierten Braten und reicht frisches Bauernbrot oder Kartoffelsalat sowie ein herzhaftes Bier oder einen leichten Roten aus der Pfalz dazu.

Spargelpfannkuchen

Spargel als Gemüse wird heutzutage in den Küchen aller Gegenden verarbeitet. Der Spargelpfannkuchen stammt aus der Speyerer und der über dem Rhein benachbarten Bruchsaler Gegend. Pfannkuchen erfreut sich übrigens auch in der Pfalz großer Beliebtheit und wird hier, wie anderswo zuweilen, mit Fleischhaschee oder mit Marmelade gefüllt. Zum Spargelpfannkuchen kann man auch Gemüse dritter und vierter Wahl verwenden und hat dann ein ebenso nahrhaftes wie wohlschmeckendes und sparsames Gericht.

1 kg Gemüsespargel, 1 Löffel Butter, 1 Löffel Zucker, Salz zum Kochen der Spargel.
Für den Pfannkuchenteig: 250 g Mehl, 1/4 Liter Milch, 4 Eier, Salz

Die Spargel putzen, in kleine Stücke brechen, in Salzwasser, dem Butter und Zucker beigefügt sind, nicht zu weich kochen. Gut abtropfen lassen. Für die Pfannkuchen einen dickflüssigen Teig aus allen Zutaten bereiten. Die Spargel dazugeben und goldgelbe Pfannkuchen ausbakken. Dazu schmeckt knackiger Kopfsalat.

Speckkartoffel-salat

Eine der bekanntesten Pfälzerinnen war zweifellos Elisabeth Charlotte (1652–1722), Liselotte von der Pfalz genannt. Sie heiratete den Herzog Philipp von Orléans, den Bruder des Königs Ludwig XIV. Berühmt und viel zitiert sind ihre urwüchsigen Briefe, die sie aus dem höfisch-eleganten Frankreich in ihre Heimat sandte, an der sie zeit ihres Lebens hing. Die Tochter des Heidelberger Kurfürsten war nicht eben schlank, und in ihren Briefen ist auch oft von Essen und Trinken die Rede. In einem Brief vom 6. Mai 1700 erinnert sie an ein Lieblingsgericht ihrer Heimat und schreibt: „... wir aßen nicht so delikate sachen, als wie chocolat, café und thé, sondern wir fraßen einen guten krautsalat mit speck".

Ob Liselotte schon Kartoffeln schätzte, ist sehr fraglich, denn zu jener Zeit war dieses Gewächs allenfalls als Zierpflanze gebräuchlich. Daß die bodenständige Pfälzer Küche ihrer Liselotte zu Ehren das Kraut durch Kartoffeln ersetzte, ist aber sicher kein Delikt von Geschichtsverfälschung.

*2 Pfund Salatkartoffeln,
250 g durchwachsener
Räucherspeck, 2 große Zwiebeln,
Salz, Pfeffer, eine Prise Zucker,
Essig, 1/2 Liter heiße Fleischbrühe*

Kartoffeln kochen, schälen und warm in dünne Scheiben schneiden. Mit der heißen Fleischbrühe übergießen und richtig durchtränken. Räucherspeck und Zwiebeln fein würfeln und in einer Pfanne goldgelb anrösten. Zu den Kartoffelscheiben geben. Mit Salz, Pfeffer, Zucker und Essig kräftig abschmecken. Warm servieren.

Hunsrücker Spießbraten

In der Edelsteinschleiferstadt Idar-Oberstein steht dieses originelle Gericht in vielen Gaststätten das ganze Jahr über auf der Speisenkarte. Den *Schpeßbroore* brachten Hunsrücker von den Diamantenfeldern Südamerikas mit. Im Haushalt bereitet man ihn so:

4 Zwiebeln, 4 Scheiben Roastbeef oder abgehangene Hochrippe (je 250 g), Salz, schwarzer Pfeffer. Für den Salat: 4 Tomaten, 1 Salatgurke, 1/2 Kopfsalat. Für die Salatsoße: 2 Eßlöffel Essig, 1 Eßlöffel Öl, Salz, weißer Pfeffer, 1 Prise Zucker, 1/2 Bund Dill, 4 Eßlöffel Öl

Zwiebeln schälen und in Scheiben schneiden. Fleisch abwechselnd mit Zwiebelscheiben in eine Schüssel schichten, dabei mit Salz und Pfeffer bestreuen. 4 Stunden im Kühlschrank zugedeckt gut durchziehen lassen. In der Zwischenzeit den Salat vorbereiten. Dazu Tomaten und Gurke waschen, abtrocknen und in dünne Scheiben schneiden, auf 4 Teller verteilen, gewaschene und zerpflückte Salatblätter dazugeben. Für die Marinade Essig, Öl, Salz, Pfeffer und Zucker in einer Schüssel verrühren, würzig abschmecken, Dill hacken und hineinmischen. Fleisch aus der Schüssel nehmen, mit Öl einpinseln, auf dem Rost unter dem vorgeheizten Grill von jeder Seite 8 Minuten grillen, zwischendurch nochmals mit Öl bestreichen. Auf vorgewärmter Platte anrichten. Salatsoße über die Salatportionen verteilen, Salat und Fleisch servieren, dazu Kräuterbutter, Grau- oder Weißbrot.

Weincremetorte

Natürlich gibt es in einem Weinland ein Gebäck, das unmittelbar mit Trauben und Wein zu tun hat. Es ist die Weincremetorte. Kenner solcher Süßigkeiten mag sie in gewisser Weise an die Zuger Kirschtorte aus der Schweiz erinnern. Wie diese mit Kirschwasser getränkt ist, nimmt der Teig der Weincremetorte Wein und auch ein Quantum Weinbrand in sich auf. Es handelt sich also gewiß nicht um eine trockene Sache. Im Gegenteil: Die *Woicremetort' ritscht vun selwer, do brauchschd kän Kaffee nochzuschitte!* Die Torte macht Mühe, aber die Mühe lohnt sich.

Für den Teig: 250 g Mehl, 200 g Butter, 2 Eigelb, 50 g Zucker, 2 Eßlöffel Weinbrand.
Für die Füllung: 2 Eier, 6 Blatt weiße Gelatine, 60 g Zucker, 1/8 Liter lieblicher Weißwein, 1/4 Liter Schlagsahne, 250 g Trauben, 1 Eßlöffel Aprikosenmarmelade, 40 g Mandelblättchen, 10 g Butter

Teigzutaten verkneten. Eine Springform ausfetten und Boden und Rand mit dem Teig auslegen. Etwa 20 Minuten kaltstellen, danach ungefähr 20 Minuten im Ofen backen. Nach dem Abkühlen aus der Form nehmen. Die Füllung: Eier trennen, die Gelatine in kaltem Wasser einweichen. Eigelb und 2 Eßlöffel Wasser schaumig schlagen. Zucker unterrühren, den Wein dazugeben. Ausgedrückte Gelatine mit etwas Wasser bei schwächster Hitze auflösen und unter die Mischung ziehen. Kaltstellen. Eiweiß und Sahne steif schlagen, unter die dickende Creme ziehen. Diese Creme auf den Teigboden füllen und mit den entkernten Traubenbeerenhälften belegen. Teigwand mit der Marmelade bestreichen und mit den in Butter gerösteten Mandelblättchen bekleben.

Weinsoße

In der Pfalz wird gesagt, Weinsoße sei die einzige Soße der Welt, die um ihrer selbst willen gekocht und auch ohne etwas dazu gegessen wird. In Italien kennt man Zabaione. Dabei handelt es sich jedoch mehr um eine Weincreme, zähflüssig und schwer. Die Pfälzer Weinsoße dagegen muß federleicht und schaumig sein. So, daß man sich, wie es schon geschehen sein soll, mit Wonne einen Rausch anessen kann. Weinsoße essen die Pfälzer gerne zu Dampfnudeln.

1/2 Liter herber Weißwein, 1/4 Liter Wasser, 2 Eßlöffel Zucker, 1 Teelöffel Speisestärke, 2 Eier

Wein, Wasser und Zucker als Gemisch erhitzen, aber nicht kochen. Die Speisestärke mit 2 Eßlöffel Flüssigkeit aus dem Topf gut verrühren. Nun das Gemisch zum Sieden bringen, die angerührte Speisestärke mit dem Schneebesen einrühren und ein- bis zweimal aufkochen lassen, vom Herd ziehen. Die beiden Eiweiß zu steifem Schnee schlagen. Dann wird die Weinsoße wieder erhitzt, die beiden Eidotter werden dazugegeben und fünf Minuten mit dem Schneebesen verrührt. Nun die Soße vom Herd nehmen und den Eischnee locker unterheben.

Weißer Käse und Gequellte

Gequellte Grumbeere, zu hochdeutsch Pellkartoffeln, sind in der Pfalz die Grundlage fast jeglicher Nahrungsaufnahme. Als gewiß darf gelten, daß kaum irgendwo so viele Kartoffeln gegessen werden wie in der Pfalz. In Kombination mit Kartoffeln liebt man das Einfache. Natürlich auch Braten, Bratwürste und dergleichen. Aber ein wahrer Pfälzer Feinschmecker kehrt immer wieder gerne zu den schlichten Gerichten, wie sie die Landschaft hervorgebracht hat, zurück und ist enttäuscht, wenn die Freunde keinen Gefallen daran finden.

1 kg Magerquark, 2 Becher Sahne, 2 Zwiebeln, 2 Bund Schnittlauch, Pfeffer, Salz, nach Belieben etwas Paprika oder auch Kümmel

Den Magerquark mit der Sahne sämig aufschlagen. Zwiebeln und Schnittlauch fein schneiden, dazugeben und nach eigenem Geschmack mit Pfeffer, Salz, Paprika oder auch Kümmel würzen. *Weiße Käs* nennen das die Pfälzer. Dazu heiße, wenn's geht, neue Kartoffeln und ein Stück frische Butter garantieren einen Hochgenuß! Als Getränk haben Sie reiche Auswahl, denn von Sauermilch über Bier und Apfelmost bis zum funkelnden Pfälzer Wein paßt alles zu diesem Gericht.

Weiße Rüben

Der Maler Adolf Dörner aus dem südpfälzischen Ilbesheim nahm Weiße Rüben einmal als Objekte für ein Stilleben in Öl. Eine Dame mit hochdeutschem Akzent stand bewundernd davor, hatte aber offenkundig noch nie Weiße Rüben gesehen. Das Dekorative an diesen Rüben sind ihre violetten Spitzen oder auch, stellt man sie auf den Kopf, an dem das Blattwerk hängt, die lila Hauben. Ein Landmann belehrte die Dame, sie müsse Weiße Rüben einmal essen, dann seien sie ihr unvergeßlich. „Awer“, so der Landmann, „sie schmecken am beschte, wann se der erschte Froscht mitkriecht hän.“

2 kg Weiße Rüben, 750 g Kartoffeln,
100 g Butter, 3 Eßlöffel Mehl,
3 Eßlöffel Zucker, Salz

Die Weißen Rüben werden geschält, in Scheiben geschnitten und mit viel Wasser auf den Herd gesetzt. Sobald sie anfangen zu kochen, wird das Wasser abgeschüttet. Die geschälten, in Scheiben geschnittenen rohen Kartoffeln werden mit frischem Wasser den Rüben zugesetzt. Wenn Gemüse und Kartoffeln weich sind, werden sie vom Herd genommen, abgeschüttet und grob zerstampft. Aus Butter, Mehl und Zucker wird in der Pfanne eine hellgelbe Schwitze hergestellt. Sie wird dem Gemüse beigemischt und das Ganze noch einmal durchgestampft. Salz kommt nach Geschmack hinzu. Der Genuß eines knusprig gebratenen Schweinebauchs wird mit Weißen Rüben gewaltig erhöht.

Wingertsalat

Weinberge heißen in der Pfalz Wingert. Den Salat, von dem hier die Rede ist, kennt man in anderen deutschen Landschaften unter dem Namen Feldsalat. Im Obst- und Gemüsegarten Deutschlands, wie die Pfalz oft genannt wird, ist dieser Salat tatsächlich in den Wingertsfurchen gewachsen, was einmal mehr die Fruchtbarkeit und das Paradiesische dieses Landstrichs unterstreicht. Die chemischen Bekämpfungsmittel der Rebenkrankheiten haben den Wingertsalat aus den Wingerten vertrieben. Heute wird er, wie überall, in entsprechende Felder gesät.

300 g Feldsalat, 1 Zwiebel, 3 Eßlöffel Essig, 2 Eßlöffel Öl, 2 Eßlöffel saure Sahne, 1 Hauch Knoblauch, Pfeffer, Salz, eine Prise Zucker

Den Salat gut putzen und noch besser waschen, um auch das letzte Sandkorn zu beseitigen. Die Zwiebel fein hacken. Aus den übrigen Zutaten eine Soße bereiten und über den gut abgetropften Salat und die Zwiebel gießen. Gut durchmischen und sofort servieren, da der Salat welk wird.

Wolfszähne

Hier handelt es sich um ein Gebäck. Es stammt aus Urgroßmutters Kochbuch, hat also eine beachtliche Tradition. Dabei steht mit zittriger Handschrift der Hinweis, daß Wöchnerinnen und Rekonvaleszenten mit Wolfszähnen und Weincreme besonders schnell wieder auf die Beine zu bringen sind. Wolfszähne sind sogar zu purem Wein als Zugabe denkbar. Sie gelten jedenfalls mit ihrer besonders kräftigenden Wirkung, wenngleich sie in ihrer Konsistenz trockenem Biskuit ähneln, zu den beliebten Süßspeisen der Pfalz. Wahrscheinlich, weil sie zum begleitenden Weintrinken geradezu herausfordern. Um sie zu backen, braucht man allerdings ein dachziegelförmiges Wolfszahnblech.

150 g Zucker, 1 Päckchen Vanillezucker, 2 Eier, 150 g Mehl, Butter für die Form

Zucker, Vanillezucker und Eier eine Viertelstunde rühren. Das Mehl dann daruntermischen. Die Masse kaffeelöffelweise in das mit Butter bestrichene Spezialblech geben und die sich dabei bildenden Stangen etwa 20 Minuten bei 175° C im Backofen hellbraun backen.

Zimtnudeln

Die Zimtnudeln sind eine verfeinerte Fortentwicklung der Rohrnudeln, wie man sie in nahezu allen deutschen Landschaften kennt. Die Rohrnudeln heißen in der Pfalz *Backofeknepp*, was wieder für die plastische Ausdrucksweise der Pfälzer spricht. Man weiß sofort, um was es sich bei *Backofeknepp* handelt. Da jedoch der Pfälzer, beim Essen wenigstens, vom Einfachen zum Üppigen, geschmacklich Reizvollen strebt, ersann oder übernahm er zur eigenen Freude die Zimtnudeln.

500 g Mehl, 20 g Hefe, Salz, 1/4 Liter Milch, 2 Eier, 60 g Butter, 50 g Zucker, Schale einer ganzen Zitrone. 50 g zerlassene Butter, Zucker, Zimt

Aus den Zutaten einen mittelfesten Hefeteig herstellen. Kleine Nudeln *(Knepp)* abstechen und diese auf einem Brett gehen lassen. Jetzt werden die Nudeln in zerlassener Butter, in Zucker und Zimt gewälzt und eng in eine offene Backform gesetzt. Eine halbe Stunde in vorgeheiztem Ofen backen. Nach dem Backen sofort noch einmal mit flüssiger Butter bestreichen, damit sich keine harte Kruste bildet. In der Form auskühlen lassen. Dazu paßt Kompott nach Belieben, aber auch eine Weinschaumsoße oder – in der Pfalz – immer: ein Gläschen Wein!

Zwetschgenkuchen

„Ah, Quetschekuche", ruft der Pfälzer lustvoll aus, wenn der Kaffeetisch gedeckt und neben Torten und sonstigem Feingebäck Zwetschgenkuchen aufgetragen wird. Die Pfalz ist reich an jeglichem Obst. Für einen Kuchen haben aber die Zwetschgen Vorrang. Wobei allerdings sehr darauf zu achten ist, daß der Kuchen saftig wird. Denn dadurch „rutscht er besser" und zeichnet sich vor dem meist „trockeneren" Apfelkuchen aus. Der Pfälzer schätzt besonders den *Quetschekuche* aus Hefeteig.

500 g Mehl, 1 Tasse lauwarme Milch, 40 g Hefe, 200 g Butter, 2 Eier, 100 g Zucker, 1 Teelöffel Salz, Fett für das Blech, 4 Pfund einheimische, sehr reife Zwetschgen, Zucker und Zimt zum Bestreichen

Die Hälfte des Mehls rührt man mit der Milch und der Hefe an, läßt es gut aufgehen, arbeitet dann das restliche Mehl, die weiche Butter, die Eier, den Zucker und das Salz darunter. Nach nochmaligem Aufgehen wird der Teig auf bemehltem Brett aufgerollt und möglichst dünn (!) auf das mit Fett bestrichene Blech gebracht. Nun werden die entkernten und zipflig geschnittenen Zwetschgen dachziegelförmig auf den Teig gelegt. Kurz gehen lassen und im Backofen bei mittlerer Hitze knusprig backen. Noch heiß mit Zucker und Zimt bestreuen. – Übrigens: den gleichen Hefeteig kann man mit Kirschen, Mirabellen, Johannis- oder Heidelbeeren belegen und hat somit eine ganze Palette von wohlschmeckenden Kuchen mit Früchten, die alle in der Pfalz gedeihen.

ROSTFREI
SOLINGEN

Nachspeisen

Getränk

Kuchen, Torten und Kleingebäck

Die Rezepte alphabetisch

In unserer Kochbuchreihe

Kulinarische Streifzüge

sind in gleicher Ausstattung
bereits erschienen
die Bände

Schwaben Friesland
Franken Bayern
Hessen Baden
Rheinland
Schweiz

Die Reihe wird fortgesetzt

sigloch edition

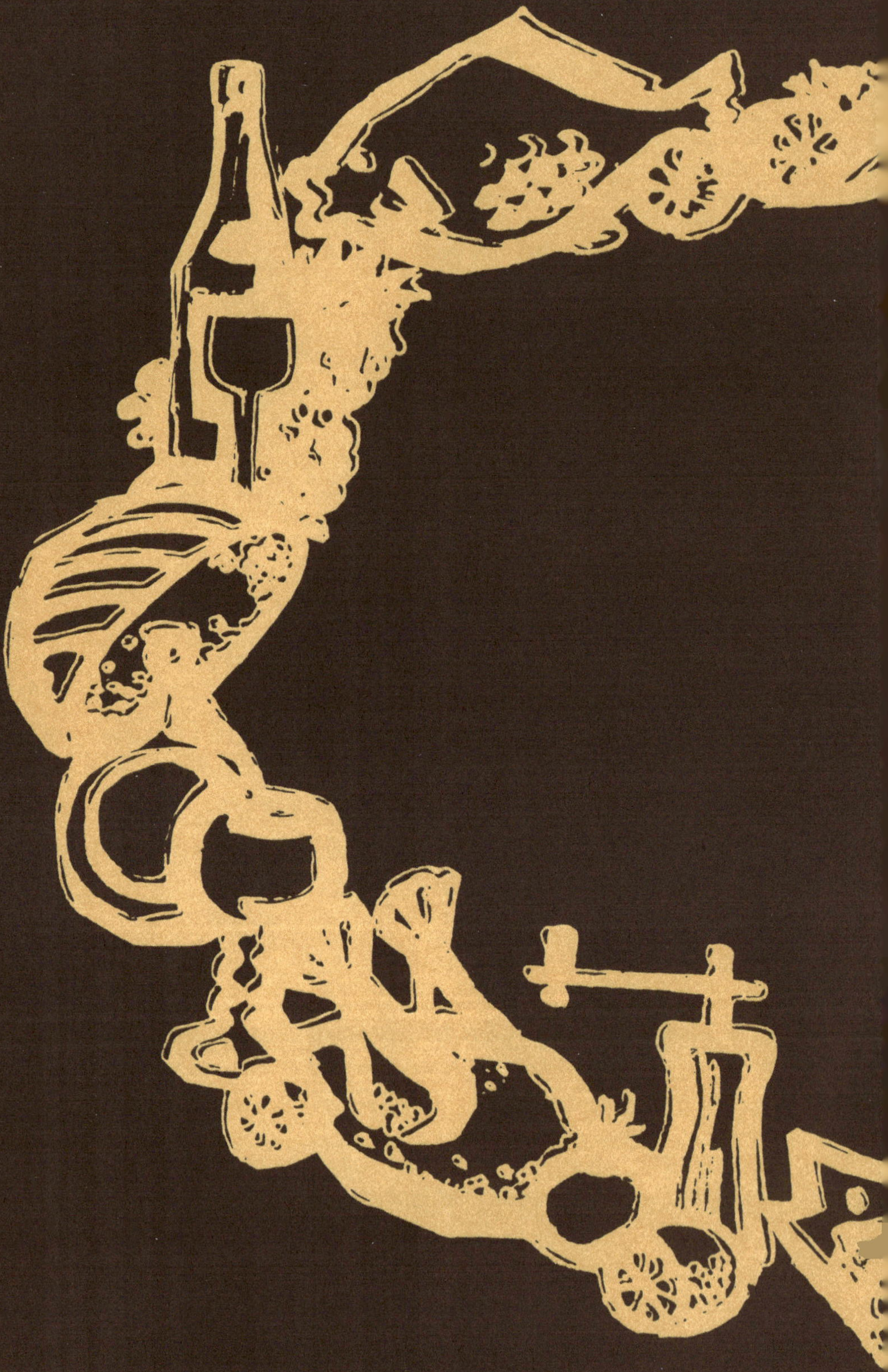